PLATFORM 9¾

穿越9又³/₄月台
漫遊英國

蕭立馨 文　劉漢政 攝影

作者筆端帶著感情，暢述自己的英國
經驗，值得一讀。

懷抱熱情寫遊記 ‧ 感受熱情看遊記

　　我很喜歡閱讀遊記，尤其是溢於文字的熱烈情感，往往最令人感到興味。好看的遊記會選擇有特色的定點，條理分明的敘述，再針對感興趣的地方仔細描述。寫出好看的遊記，作者必須以敏銳的「五感」探索周遭，不僅「眼、耳、口、鼻、心」全都用上，連手腳、頭腦也不能閒著；唯有豐富的想像力、細膩的觀察力，加上勤奮的腳力「趴趴走」，回來以後認真的「爬格子」，才能完成好看的遊記，並且發揮遊記的價值。讀到這種好看的遊記，免不了心神受到召喚，即使「人不能至」，卻也「心嚮往之」。

　　在平凡無奇的生活中，我們都需要多一點心靈的觸動來激發熱情。每當朋友出國旅遊回來後，我都很愛趁他熱情還在，興致還很高昂的時候約他一起喝杯咖啡，聽他神采飛揚的敘說旅途中的種種冒險和歡樂，我不知不覺間也神遊了一趟，感到很快樂！

　　《穿越 9 又 3/4 月台，漫遊英國》這本書裡，就讓人有這種面對面談話的親切感，作者依照地點動線描述周圍的景物，在描寫「英國的母親河」泰晤士河時，我像跟著作者在泰晤士河畔散步一樣；隨著她的解說，一同走過富麗堂皇的國會大廈；來到倫敦眼下，昂首驚喜的看著這座為迎接千禧年而興建的倫敦新地標。

　　這本書提供詳盡的歷史資料，有些篇章以文學性的筆法描述，有些篇章用比較輕鬆的語句，甚至親切的「自問自答」，貼心的將答案說出，似乎早已料想讀者看到這個段落會想提出的問題。除了介紹景點、具有歷史價值的建築，也沒有忽略親子共遊時會想看的地方。讀過《哈利波特》的孩子會想看看知名的「王十字車站」，作者帶領大家找到了「9 又 3/4 月台」；爸爸媽媽童年讀過《福爾摩斯全集》，知道貝克街地鐵站，作者也親身探訪「名偵探的家」，帶大家參觀福爾摩斯博物館、福爾摩斯酒吧。此外，作者也來到孕育英國大文豪的史特拉福鎮，走訪英國詩人莎士比亞的家。

　　作者很貼心的把旅遊時最需要知道的資訊都隨筆記下，甚至連逛溫莎古堡時要在哪裡借免費的中文導覽器都說明得很清楚。還有，別忽略了最後面的附錄「紀念品採買指南」，這是本書相當可愛的設計，「依指示而行動」的話，當你也遊歷了一趟英國回來後，絕不會有「當時應採購而未採購」的遺憾

林瑋

國語日報主編
中華民國兒童文學學會理事

緣起

對於英國，最初的印象，來自於孩提時代著迷的《福爾摩斯全集》，霧濛濛的倫敦、神祕的泰晤士河、達達的馬車奔馳在石板路上。這些畫面，構成了我小小心靈裡的英國形象。

長大後，抹不去對英國的憧憬。福爾摩斯從未消失，皇室的童話仍存在，哈利波特的魔法世界崛起。我想親自踏上英國的土地，從我的眼中看看傳說中的大英帝國。

探訪貝克街 221B，一窺福爾摩斯與華生的世界；追隨大偵探辦案的步伐，到酒吧喝一杯陳年好酒、吃一份炸魚薯條；夕陽中的國會大廈閃耀金色光芒，時間從雄偉的大笨鐘緩緩流瀉；紅色巴士承載旅人的期待行駛在古老的石板路上；我從紅色郵筒中寄出穿越時空的遙想。8 月的倫敦晴時多雲偶陣雨，我在入夜後的微雨窗前，靜靜揣摩霧都風采。巍峨的溫莎古堡，見證了溫莎公爵不愛江山只愛美人的浪漫愛情；白金漢宮前禁衛軍威風凜凜的交接儀式正進行，女王會在哪扇窗後呢？穿越 9 又 3/4 月台，來到哈利波特的誕生地：The Elephant House，魔法世界由此轟轟烈烈展開，蔓延全世界。

連續 2 年夏日（2009、2010）共 33 天的追尋，兒時那看似飄渺的夢想化為真實深刻的記憶。我踩著優雅的步伐，邂逅在風情萬千的大英帝國土地上，馥郁的英倫氛圍總在我將回憶翻閱時悄悄浮現，層層又疊疊，每一頁都是無法複製的美好篇章。

蕭立馨

Chapter 1

# 倫敦
>>> London

漫遊泰晤士河畔，品味過往繁華，

信步白廳路上，緬懷帝國榮耀；

大英博物館裡追尋千年古物，

旋轉的倫敦眼上體驗現代科技；

和歲月喝杯正統下午茶，一溫舊夢，

逛逛時尚百貨與在地市集，多元裡兼容並蓄；

古老的日不落國之都，風華依舊～

漫遊～泰晤士河畔

　　透亮的陽光下，泰晤士河（River Thames）被刷上亮晶晶的色彩，閃閃動人。我從跨越泰晤士河的西敏橋（Westminster Bridge）上，俯視這一條孕育著倫敦、串起過往繁華的生命之河。

國會大廈

　　金色富麗的國會大廈（House of Parliament）以及舉世聞名的大笨鐘（Big Ben）就屹立在河畔，地理課本上的平面圖像，此刻一躍而出，化為鮮活的立體。瞬間，感受強烈震撼，我掉進了濃濃的英國氛圍中，非常真實地。

　　占地廣大的國會大廈，前身為西敏宮（Palace of Westminster），

泰晤士河畔的大笨鐘和國會大廈

直到亨利八世（Henry VIII）時期，一直都是皇宮所在地，後來因為一場大火部分受損，重建後加入哥德式建築的元素，形成今日所見外觀。國會大廈內部分成上議院和下議院，上議院以英王為首，多為世襲貴族，下議院為各政黨代表，是主要的決策者。很想進去看看民主政治的發源地如何進行議會活動，可惜，8 月是議會休會時間，也僅能站在外頭想像了。

大笨鐘

國會大廈鐘樓上，代表性的宏偉地標——大笨鐘，自 1859 年開始，每天提供精

準的報時，另一個音譯名稱是「大鵬鐘」。「大笨鐘」可是一點也不笨，為什麼會有如此親切的暱稱呢？據說，大笨鐘落成後，是由負責監造的班傑明‧霍爾爵士（Sir Benjamin Hall）懸掛上去的，因而得名。英國廣播公司（BBC）在鐘樓內設置了擴音器，渾厚悠揚的鐘聲陪伴了倫敦市民數不盡的晨昏。

大笨鐘

倫敦塔城牆一隅

倫敦眼

　　對岸，為迎接 2000 年到來而興建的倫敦眼（London Eye），替古老的泰晤士河岸帶來嶄新風貌，緩緩轉動的它，正展示著摩登與科技。倫敦眼下方，那一幢建築物是郡政廳（County Hall），內含倫敦水族館（London Aquarium）、展覽館和旅館。倫敦眼原本為暫時性建築，當時預定使用 5 年後拆卸，因為受到大眾的熱烈喜愛，最後被長期保留了下來。站在此地，彷彿可以連結大英帝國的過去與未來，既古典又現代，這或許也正是倫敦給人的最新印象。

倫敦塔

　　倫敦塔（Tower of London），整體格局約於 14 世紀定型。曾是堡壘、曾是血腥之塔、也曾是叛國罪犯的監獄。如今，成為皇室兵工器和皇室珠寶的主要收藏博物館，穿梭往來的遊客，沖淡了那遙遠年代曾有過的陰鬱肅殺感覺。

　　巧遇倫敦塔旁的草地上，搭了兩個很童話的帳棚，穿著古裝的演員比手畫腳，一齣中古世紀戲劇正在上演。拿著槍的士兵還真的實際射擊，發出「砰！砰！」聲響，陣陣白煙繚繞，吸引不少遊客圍觀駐足。

倫敦塔外草地上，中古世紀戲劇正上演

　　為了那古老而神祕的傳說：「烏鴉是倫敦塔的護衛鳥，若烏鴉不在了，王室的氣運也就消失了。」因此，自查理二世（Charles II）堅持塔裡至少要有 6 隻烏鴉開始，便一直維持著飼養烏鴉的傳統，烏鴉成為倫敦塔的吉祥動物。

　　咦？那……剛剛幾隻盤旋掠過塔上天空的黑色鳥兒，會是烏鴉嗎？靜靜座落在河邊的倫敦塔默默不語，兀自冷眼旁觀歷史的推移。

　　坐在路旁長椅上，看著泰晤士河水悠悠流過眼前、流過塔橋，水面波光粼粼，橋樑為兩岸帶來血脈相連的關係。在耀動的水波中，我彷彿看到了那段航運為大英帝國帶來榮耀的流金歲月。儘管百年前的「日不落國」盛世已然衰微沒落，但昔日的風華，仍深深印在這個國家的心底。

倫敦塔及飛翔其上的烏鴉

古裝士兵

國會大廈
地址：Parliament Sq.
電話：020-7219-4272
網址：http://www. parliament.uk
交通：搭乘地鐵至 Westminster 站

倫敦塔
地址：Tower Hill
電話：084-4482-7777
網址：http://www.hrp.org.uk/TowerOfLondon/
交通：搭乘地鐵至 Tower Hill 站

驚喜～倫敦塔橋升起

塔橋（Tower Bridge），我最喜歡的一頁倫敦風景。

在小勞勃道尼（Robert Downey Jr.）和裘德洛（Jude Law）主演的「福爾摩斯」（Sherlock Holmes）電影中，塔橋從無到有，一點一滴的建造雛形，不斷穿插在劇情發展中，懷舊的時代氛圍，烘托出塔橋獨特的美。近距離望著這座花了 8 年時間、30,000 噸石頭、1,184,000 英鎊、10 人罹難，一個世紀前完成的、具有動力的塔橋，它所代表的科技，贏得無數的大拇指及連聲的讚嘆，實在當之無愧。

19 世紀當時的碼頭位於倫敦橋與倫敦塔之間，河面船隻來往頻繁。一般普通的橋樑，兩端需與路面同高以利行走，但這樣的高度，大船無法通過。所以，經由討論研究，最後建築師荷瑞斯 · 瓊斯（Horace Jones）的設計提案獲得採用，舉世聞名的倫敦塔橋得以成形。

倫敦塔橋升起

1976 年以前，塔橋橋面的升降使用蒸汽液壓為動力，後來被電動馬達取代。現今塔橋博物館內仍保留從前控制塔橋升降的蒸氣機。

不是第一次和塔橋見面了。但每一次相見，心仍是噗通噗通直跳，相機快門喀擦喀擦直按。等一會兒，塔橋的橋面將如傳說中地升起，超期待。這樣經典的畫面不是時常有，若想要親眼瞧瞧，最好預先上塔橋的官方網站查詢時間，免得撲空喔。

時間慢慢接近之際，準備過橋的大船，已經在旁從容等待。時間一到，警鈴開始大響，大家莫不屏息以待。橋面上開始進行交通管制，等到完全淨空，橋面緩緩分開、上升，直到最高點，船隻便在此刻緩緩越過，抵達橋樑另一端。就像變魔術一樣，前一刻車水馬龍的橋樑，下一刻人車杳然。塔橋悄然升起、又悄然降下。等到橋面完全降下、閉合，車輛呼嘯而過，人潮開始喧嘩，彷彿什麼都沒有發生過。

塔橋博物館

排隊買票（成人 7 英鎊、學生 5 英鎊），進入塔橋內的 Engine Rooms，一窺古老的科技。1894 年即落成的塔橋博物館，裡面展示了塔橋一路走來的歷史照片。坐下來，看一段介紹塔橋歷史的影片，用動畫的方式，一筆一劃勾勒出塔橋建造過程，栩栩如生，非常精緻。1886 年，塔橋的興建工程正式展開，哥德式的外觀建築於 1894 年完工，成為倫敦的重要象徵之一。

站在塔橋上，遠方的倫敦眼、聖保羅大教堂盡收眼底，河面上來來往往的船隻，變成模型玩具般小巧。塔橋內部兩側，是世界知名橋樑的攝影展。如：布拉格的查理大橋、威尼斯的嘆息橋、佛羅倫斯的舊橋等等，這些橋因曾經有幸親臨造訪，憑添不少親切，感覺就像和曾經短暫交集後擁有各自天空的朋友，再度不期然相遇，「嗨，你們也都好嗎？」

塔橋
地址：Tower Bridge
電話：020-7403-3761
網址：http://www.towerbridge.com.uk
交通：搭乘地鐵至 Tower Hill 站

世界知名橋樑攝影展

經典地標：倫敦塔橋

千禧地標～倫敦眼

　　高度 135 公尺的倫敦眼（London Eye），是為慶祝千禧年而建、由英國航空公司（British Airways）贊助的巨型觀景摩天輪。以透明玻璃打造 32 個座艙，運轉一圈約 30 分鐘。白天的倫敦眼非常醒目，極有氣勢；入夜後打上彩色燈光，散發出神祕的魔幻力量。

　　在倫敦眼旁的廣場上，無論是躺在草地上曬太陽、喝著啤酒聊天，或加入街頭藝人的演出，人們總可以在此找到最舒適自在的方式。我舔著手中的冰淇淋，邊享受陽光的芬芳，邊欣賞幸福的千姿百態。

　　排完隊，剛好接近日落時間，進入倫敦眼的「客艙」，摩天輪緩緩往上移動，夜，慢慢降臨。大笨鐘、國會大廈、漢格佛德橋（Hungerford Bridge）、城裡的建築，一個個發出閃亮光芒，倫敦城的夜景就在眼前。隨著倫敦眼越來越高，視野越來越廣闊。

散發神祕魔幻力量的倫敦眼

燈,一盞一盞亮了

和「卓別林」互動

倫敦的夜,萬家燈火

街燈及倫敦眼

短短 30 分鐘裡,俯視倫敦從黃昏進入夜晚的過程,
風光雲影的變化,及地面建築物的光彩絢麗,難以忘懷。

　　回到地面,夜幕低垂。此刻,大約 22:00,街上還是人來人往,路旁商店大多關門,
只剩速食店、小攤販,仍努力振興經濟。走過漢格佛德橋,離開前,面對國會大廈的
泰晤士河畔一陣小小騷動,原來有人在這拍婚紗。依口音及外貌判斷,應是大陸新人。

不知是在英國讀書的留學生呢?還是單純
的觀光遊客?呵,也許
有天,倫敦街頭的夜
景會變成新興的婚紗
外拍地點也說不定!

倫敦眼
地址:The London Eye Building, County Hall
電話:087-0500-0600
網址:http://www.londoneye.com
交通:搭乘地鐵至 Waterloo 站

街頭藝人演出

最靠近天堂的地方～聖保羅大教堂

聖保羅大教堂（St.Paul's Cathedrale），全世界第二大的圓頂教堂（第一大圓頂教堂是梵蒂岡的「聖彼得教堂」），更是 1981 年黛安娜王妃和查爾斯王子世紀婚禮的場景，縱然黛妃早已香消玉殞，這段風光往事至今仍為人所津津樂道。

想要爬上圓頂，需至教堂內的服務台先買票（成人票 12.5 英鎊、學生票 9.5 英鎊）。一邊尋找通往樓上台階的同時，一邊欣賞教堂內部裝潢。挑高的設計很華麗，巨大圓頂下，襯托教堂內獨有的氣氛，神聖而莊嚴。

開始圓頂的攀爬。第一層樓梯，很寬、很好走。雖然爬上去有些喘，但經過 257 級的考驗後，就可以到達耳語廊（Whispering Gallery）稍作休息。耳語廊，很特別的名字，因為其特殊的造型結構，只要在圓頂四周圍任選一通孔輕微耳語，你的祕密便會在相對的通孔產生擴音效果喔。好多遊客來到這，莫不童心大發，玩起「說悄悄話」

聖保羅大教堂外觀

的遊戲。

　　手扶鏤空的欄杆，往下俯視整個教堂，有人正在做禮拜唱詩歌，悠揚的樂歌空靈地盪開來，撫慰了人心，也彷彿穿越了穹頂，直達天聽。往上瞧則是金碧輝煌的大壁畫，壯觀又華麗，在這麼高的圓頂作畫，想必非常艱辛（教堂內禁止照相攝影喔）。

鏤空的螺旋狀樓梯

　　休息後，繼續往上出發。接下來就沒那麼好走了，階梯越來越陡、也越來越窄。在離大廳地板 376 階處，往外走，通第二層圓頂外部「石廊」（Stone Gallery），這裡是教堂外部的空間，顧名思義，由石柱所組成的欄杆圍了起來。從石柱縫隙間可以看到倫敦的街景，泰晤士河就在一側；為慶祝千禧年而建的行人步行陸橋——千禧橋（Millennium Bridge）也在視野中。不過天公不作美，此刻卻下起傾盆大雨，還伴隨著狂風，都快站不住了，只好躲回耳語廊。

俯視教堂旁的廣場

連結聖保羅大教堂和泰德現代美術館的千禧橋

橫跨泰晤士河的沙薩克橋及其四周景色

倫敦眼也入鏡囉！

倫敦塔橋就在前方

趁著大雨漸緩，往第三層鐵梯前去，直接鏤空的螺旋狀樓梯往上延伸，看起來有些怵目驚心，爬起來也很累人。因為第四層頂端封閉不能上去，所以通過 528 級的試煉後，遊客可以到達的最高樓層，是距離大廳地板 85 公尺高的金廊（Golden Gallery）。

金廊的空間不大，由一圈金屬鏤空的欄杆圍起來。居高臨下，鳥瞰整個倫敦，眼前是泰晤士河，右手邊是倫敦眼，國會大廈與大笨鐘也依稀可見；左手邊，倫敦塔橋橫越河面，藍色的子彈型建築轟立一旁；地面上的人車，都變得小小的。感覺天開闊許多，地也寬廣起來。

頑皮的雲彩和流浪的風在天空玩起了追逐遊戲，飄落臉龐的雨絲帶來陣陣寒意。我在這裡待了很久，一面欣賞這城市的美好，一面等待陽光與藍天，渾然不覺時光的流逝。

聖保羅大教堂
地址：St Paul's Churchyard London EC4M 8AD
電話：020-7246-8357
網址：http://www.stpauls.co.uk
交通：搭乘地鐵至 Blackfriars 站

暮色中的聖保羅大教堂圓頂

風華依舊～皇家風采

西敏寺

　　哥德式建築的西敏寺（Westminster Abbey）莊嚴聳立，不論加冕或長眠，它見證了英國歷代王室的興衰。

　　潔白的西塔樓非常顯眼。北側入口，同樣精雕細琢的尖塔，是截然不同的風情，大型玫瑰彩窗美輪美奐。本世紀以來，1947 年女王伊麗莎白二世（Elizabeth Ⅱ）、2011 年威廉王子（Prince William）的婚禮都在此舉行。不過，我對西敏寺最深刻的印象，卻是牛頓的墳墓，因為《達文西密碼》（The Da Vinci Code）小說中，解開拱心石之謎的關鍵就在牛頓的紀念碑上。儘管，電影並非在西敏寺實景拍攝，而是在林肯大教堂（Lincoln Cathedral）。

大型玫瑰彩窗美輪美奐

西敏寺的西塔樓

聖瑪格麗特教堂

　　旁邊是另一個頗負盛名的婚禮場地：聖瑪格麗特教堂（St. Margart's Church），前首相邱吉爾（Winston Churchill）即在此舉行婚禮。聖瑪格麗特教堂和西敏寺前的草坪上，人們或坐或臥，曬著太陽、看著書、單純發發呆，一派悠閒。

　　有個氣質沉穩的少年，看似隨性地倚著欄杆坐在小角落，聚精會神地望著前方，時而抬頭沉思、時而瀟灑揮筆，他在做什麼呢？悄悄走到他身後，湊近一看，哇～畫紙上勾勒出西敏寺的黑白線條素描，非常傳神！

聖瑪格麗特教堂

　　越過西敏寺，走在白廳路（Whitehall RD.）上。放眼望去，幾乎全是一棟又一棟偉岸華麗的建築。路兩旁，名人塑像排排站，昂然傲視著遊客如織。

唐寧街 10 號

　　英國首相官邸，唐寧街 10 號（No10. Downing Street），一個念起來很優雅的門牌號碼。路口設起了柵欄，荷槍實彈的警察正執行著勤務。探頭探腦的遊客們，在黑色的柵欄外窺看著這座具有歷史意義的白色地標。不知怎地，我想起了鐵娘子──柴契爾夫人（Margaret Hilda Thatcher），同樣屬於歷史課本裡一個具有代表性的名字。

聖詹姆斯公園

　　綠意盎然的聖詹姆斯公園（St.James's Park），是倫敦最古老的公園，中間有個漂亮湖泊，蒼翠樹林的影子倒映在水面上，水鴨在湖面上游移拖曳出細碎的水痕，松鼠

作畫中的少年

聖詹姆斯公園一景

白金漢宮前的禁衛兵

也不甘寂寞地從樹幹上跳躍下來。寬廣的腹地，若說它是
「森林」一點都不為過。

　　一望無際的草皮上，擺放著許多漂亮的條紋海灘椅，
充滿度假風情，誘惑著旅人疲憊的雙腿。別急別急，坐上去
之前，要知道，這些都是得付費的喔！

白金漢宮

　　越來越接近白金漢宮（Buckingham Palace），人潮越
來越多。突然聽見樂隊演奏的聲音，以為交接儀式開始了，趕緊用最快的速度衝過去，
「呼～」發現只是樂隊先在一旁練習，成了露天的演奏。

　　離交接還有半個小時左右（夏季 11:30 開始），但此刻的廣場已經擠滿了人。廣
場正中央有尊維多利亞女王紀念碑，最頂端金光閃閃、展翅欲飛的勝利女神吸引了我
的注意，原來，白金漢宮是在 1837 年維多利亞女王（Queen Victoria）正式即位後，
才成為歷代王室的宅邸。

　　維多利亞女王時代是英國最強盛的「日不落帝國」時代，因此，金色勝利女神象
徵皇室的光輝。紀念碑的基座由大理石構成，主碑上是維多利亞女王的坐像，兩旁還
各有一個正義、真理天使。至於，女王是否在白金漢宮內呢？只要把視線移到正殿屋

白金漢宮及維多利亞女王紀念碑

頂上方的旗杆，看看英國皇室的旗幟是否飄揚就知道囉！

　　交接儀式開始後，遠遠地，只能從人牆縫隙中看到黑色毛茸茸的高帽子晃來晃去，努力墊起腳尖，將視線突破重圍。白金漢宮前的衛兵交接，始終都是來訪英國觀光客的最愛，典型的皇家童話場景啊！

　　宮殿上方，米字旗正隨風飄揚，嘿，女王今天剛好外出了，不在家唷！

西敏寺	白金漢宮
地址：Broad Sanctuary	地址：Buckingham Palace
電話：020-7222-5152	電話：020-7766-7300
網址：http://www.westminster-abbey.org	網址：http://www.royalcollection.org.uk
交通：搭乘地鐵至 Westminster 站	交通：搭乘地鐵至 St-James's Park 站

娃娃國娃娃兵～禁衛騎兵收隊儀式

　　國宴廳（Banqueting House）對面即是騎兵營（Horse Guards），巴洛克建築的門口，兩邊各有一位威風凜凜的禁衛騎兵站崗。這天，門口站崗的兩位騎兵，他們身上的制服，和上次（2009 年）看到的那頭戴白色馬鬃頭盔、身穿紅色制服的近身衛隊（Life Guards）不一樣呢。馬兒不曉得是不是站累了，還是太多人圍繞著，情緒有些兒躁動，女騎兵一直努力地拉緊韁繩控制著牠。膽小的我，不敢太靠近，超怕馬兒生氣踹我一腳！

　　進入騎兵營的校閱場地，地面上鋪滿了細砂石，好寬廣。每年 6 月，女王官方生日（Official Birthday）都會來此，由英國本身和大英國協所組成的禁衛軍進行 Trooping the Colour 閱兵儀式，穿著不同制服的禁衛軍隊，一同接受女王檢閱。

　　其實，伊麗莎白二世真正的生日是 4 月 21 日，但歷屆國王都是在 6 月選一個天氣晴朗的星期六過官方生日、舉行慶典。這是為了讓在冬天出生的君王們，也能在暖和的季節舉行露天慶祝活動的歷史來由。

隊員在廣場中集合、等待

門口一陣騷動，人潮聚攏了起來。喔～原來快 16:00 了，等一下有精彩的收隊儀式。由兩個騎兵隊所組成的皇家禁衛騎兵團，每天 10:00 ～ 16:00 在正門外輪流站崗，早上也有交接儀式。我們很幸運地碰到了收隊儀式。

禁衛騎兵站崗中

一開始，先有騎兵到場中央「清場」等待，過了一陣子，「叩，叩，叩」的馬蹄聲傳來，剛剛在門外站崗的兩位女騎兵騎著馬進來，繞一圈後，在旁立定。接著，團部內，走出另外一列騎兵，站定，隨隊長命令作拔劍等動作。喊完口令，7 人向後轉，走回團部內。這時的女騎士，下馬、拉住韁繩，過會兒，牽著馬也走進了團部內，收隊儀式到此結束。

以上動作與動作之間，其實都有間隔一段時間（如果光看字面敘述，會覺得內容好像被快轉了，呵），氣氛頗肅穆，分秒都讓人屏息以待呢！

童話中，娃娃國裡的娃娃兵，化身為雄赳赳氣昂昂的騎兵，活生生地出現眼前。此時，我的內心，突然又興起了一縷夢想化為真實的感動……。

🇬🇧 **騎兵營**
Info
地址：Whitehall
電話：090-6866-3344
交通：搭乘地鐵至 Westminster 站
小提醒：若下雨，則交接儀式取消

收隊儀式開始

騎兵營內的校閱場地

名偵探的家～福爾摩斯博物館

　　一踏進貝克街地鐵站，福爾摩斯的氣息便如影隨形地揚起，充斥在空氣中。努力吸吸鼻子，便可嗅得出蛛絲馬跡。

　　地鐵站牆壁上，各式福爾摩斯的肖像剪影，昭示著這裡正是大偵探的地盤。貝克街車站外，高大瘦削、戴著獵帽、披著短披風、手拿煙斗沉思的雕像，是另一個重要指標。站在巨大的福爾摩斯雕像旁，每個人都變渺小了。街道上，白色手指頭指向「221b」，就在離地鐵站不遠處，名偵探的家，現在的──福爾摩斯博物館（221b Baker Street）。

　　密密麻麻的行程計畫表裡，「貝克街221b號」是一個畫上大大星號的必訪地址。我好愛福爾摩斯呀！源於那個初捧著小說拜讀的小小年紀裡。科南‧道爾爵士在1886年完成初篇探案「血字研究」（A Study in Scarlet），從此，福爾摩斯一躍而上世界的舞台。歷經一個多世紀了，福爾摩斯的威名仍如雷貫耳地遠傳著。

親切的華生醫生會和你聊天喔！

高大瘦削的福爾摩斯雕像　　　　貝克街 221b 號外的警探　　　　福爾摩斯的書房一角

　　1881 ～ 1904 年，福爾摩斯和結婚前的華生醫生合租的房子就在 221b 號，一整棟維多利亞風格建築連排屋中的其中一間，匆匆走過很容易忽略，但別擔心，外面長長的排隊人龍是顯著的目標。

　　附帶一提，左邊鄰居有家搖滾樂迷必來回顧的披頭四倫敦專賣店（London Beatles Store），是倫敦唯一的一家披頭四商品專賣店喔。

貝克街 221b 號

　　微涼，陽光並不炙熱的正午，排了 30 多分鐘的隊，終於得以進入 221b 號 —— 傳說中福爾摩斯和華生的寓所囉。步上 17 級階梯，抵達二樓之前，先經過一個窄窄的走道，是個放置衣帽的玄關，牆壁掛勾上掛著兩頂帽子，分別屬於福爾摩斯和華生。

　　二樓門口，有位女僕打扮的年輕管家，蕩漾著親切的笑容立在一旁，看來是房東韓德森太太的小幫手。在福爾摩斯兼作起居室的書房裡，暖色調布置。古色古香的壁爐前，擺著兩張扶手椅和一個矮桌子，桌上隨意放著煙斗和獵帽。令人驚喜的是，華生醫生坐在扶手椅上，和悅地向訪客招手。穿著淺色西裝，打著紅色領結，鬢角及頭髮全白的華生醫生，招呼我坐在他對面的椅子上，隨和地閒話家常起來，聽到我們來自台灣，還用中文説「很好，很好，謝謝！」呢。

另外一邊福爾摩斯的臥房，貼著藍灰色的壁紙，單人床上有兩個皮箱，裡面擺滿辦案用的工具和幾罐化學用品。木製的置物格、櫥櫃，空間不大，處處流露神祕的古意。

三樓分別是華生和房東太太的房間。華生房間裡，壁紙和地毯都是清爽的藍色系，感覺頗明亮，當然，福爾摩斯的塑像無所不在，遊客隨時都可和他合影。房東韓德森太太的房間，物品擺置井然有序，非常典雅。

四樓是小說場景蠟像館。有福爾摩斯的死對頭莫里亞蒂教授、愛慕的艾琳愛德勒等人蠟像，還有各式書中的場景。比較驚悚的，應該就是天花板上垂下來的一隻提油燈的手了！記得探頭往裡面瞧瞧，別有洞天喔。

參觀完紀念館，走出門口，不能免俗地，當然要借用一下福爾摩斯的獵鹿帽和煙斗，和站崗的警探來張合照啦。隔壁的紀念品店裡，福爾摩斯和華生的周邊商品，舉凡公仔、杯墊、馬克杯、書籍、影片、帽子、煙斗、懷錶等等，應有盡有。連泰迪熊都頭戴格紋帽、肩披格紋披風，化身福爾摩斯小熊，非常討喜。在這，同樣由百年前女僕裝扮的店員負責結帳，非常復古。我買了兩個皮革鑰匙圈和一張大大的明信片，逛了好久，最後才意猶未盡的離開。

貝克街地鐵站

再次進入貝克街地鐵站——這個英國歷史最悠久，1863 年就開始營運的地鐵站。車站裡還保存著當初的古蹟，月台周圍有個具象徵意義的牌匾，上面標示著最近一次（1984 年）的翻修過程，修復了兩個介於 Paddington 和 Farringdon 之間的 5&6 號月台，它們可是世界上最古老地鐵站的一部分喔。

走在這具有 100 多年歷史的貝克街地鐵站，我彷彿穿越時光隧道，回到了古老的年代，那段福爾摩斯也曾走過的歲月。

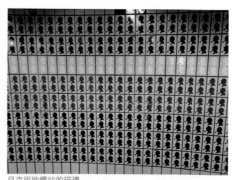

貝克街地鐵站的磁磚

福爾摩斯博物館
地址：221B Baker Street London NW1
電話：020-7935-8866
網址：http://www.sherlock-holmes.co.uk
交通：搭乘地鐵至 Baker Street 站

神探的足跡～福爾摩斯酒吧

　　外觀結構看起來簡潔洗鍊的查令十字（Charing Cross）車站，周圍圍繞著現代化的辦公大樓，廣場上有個複製的愛莉諾十字碑（Eleanor Cross），愛莉諾是 13 世紀時皇后——愛德華一世的妻子，在查令十字地鐵站內，一整面的黑白壁畫述說的便是她喪禮時的場景，看到這裡先別害怕，地鐵站裡的壁畫感覺非常明亮，內容一點也不可怕喔。

　　走出查令十字站，準備開始探訪神探的足跡啦。一路上，想到終於要和小時候最崇拜的福爾摩斯見面了，心情就像幼幼班的小朋友要去遠足般，非常雀躍。對照地圖，詢問過車站「i」櫃台的小姐，仍是在小巷中迷路了。

　　遇到兩個粉刷牆壁的小伙子，休息時間站在牆邊吞雲吐霧閒聊（如此裝扮一定就是在地人啦，問他們準沒錯），想不到，他們拿著地圖端詳了好一番，不好意思地說他們並不住在這裡，所以也不確定該怎麼走。神探的足跡果然得費一番功夫才尋得到啊！

福爾摩斯酒吧外觀

店外的雕花路燈和招牌　　　　　　　　　福爾摩斯酒吧內一隅

　　因為不趕時間，所以放慢步伐，邊走邊逛，來個市區觀光。突然，瞥到巷內一棟黑色的建築物，古典的雕花路燈上，有個叼著煙斗、戴著獵鹿帽的剪影，再抬頭，哇～綠底招牌上，在煙斗所冒出的裊裊煙霧中閱讀電報的，不就正是福爾摩斯嗎？終於看到朝思暮想的「福爾摩斯酒吧」（The Sherlock Holmes）啦！

　　這不僅是一家可品酒的 Pub，同時也是一家可用餐的 Restaurant，每天 11:00 ～ 22:00 各種餐食飲料供應中。店內，黃、棕、黑色為主調，有種沉穩內斂的低調。店裡張貼、擺飾全與福爾摩斯相關，有海報、畫作、電影劇照、黑白簡報、放大鏡、煙斗等等，目不暇給。

幸福的早午餐

　　才 11 點多，店內約有一半的座位已滿。研究了一下寫得滿滿的黑板 MENU，有各種三明治、熱食、點心、派餅、冰淇淋可供選擇。餐點上桌囉，我們點了一份薯條、荷包蛋（2 顆）、火腿片的組合餐，還有一份炸魚薯條。剛炸好的薯條超酥脆，歡欣地大嗑這頓早午餐，等一下要到樓上繼續探險去！

　　拾級而上，二樓陽台也有個供餐區，米白的牆上又出現經典的福爾摩斯剪影。室內，依照書中描述建構了小房間，壁爐、桌椅、窗戶等家具在昏黃的燈光下散發復古風采。沙發上，報紙書頁散開著，大衣隨性地披掛椅上，紙盒紙片和煙斗散落桌上。

福爾摩斯辦案剪報

酒吧二樓的密室

房間雖不能進去，但站在透明玻璃外頭，彷彿看到神探正端坐其中，埋頭思索關鍵線索，尋求破案的契機，我的思緒也跟著穿越到 19 世紀的倫敦。

酒吧裡形形色色的顧客，除了來此喝一杯、放鬆一下的熟客外，更多是慕名而來的觀光客。剛剛等餐的空檔，隔壁桌單獨前來的金髮碧眼辣妹，就遞過相機，請我以餐廳為背景，幫她拍張照片。

在這，拍照是理所當然被允許的，但別忘了維持基本的禮貌，不要妨礙、影響到別的客人喔。服務人員都很和氣，連一旁氣定神閒，邊用餐邊看報的大嬸，都主動又熱心地幫我們拍合照呢。

酒吧外有幾組桌椅，溫和的陽光灑下，這種天氣最適合在外面喝酒聊天了。對面大街，有輛雙層紅色觀光巴士剛好停住等紅燈，車上有個類似導遊的人，正拿著麥克風對這指指點點，乘客紛紛將視線投射過來，拿相機猛拍這間以「福爾摩斯」為名的酒吧。

轉眼間，綠燈亮了，巴士又風塵僕僕地揚長而去！

Info 福爾摩斯酒吧
地址：10 Northumberland Street, London WC2N 5DB
電話：020-7247-5163
交通：搭乘地鐵至 Charing Cross 站

薯條、荷包蛋、火腿片的組合餐

帕丁頓小熊～帕丁頓車站

　　說到「帕丁頓站」，大家一定很容易就會聯想到「帕丁頓小熊」，正是如此！

　　因為想來看看那身穿藍風衣、頭戴紅漁夫帽、提著一只皮箱的可愛帕丁頓熊（柏靈頓熊）。所以，我們從貝克街站，移動到帕丁頓小熊在倫敦的第一個落腳處——帕丁頓站（Paddington Station）。

　　帕丁頓小熊是英國非常受歡迎的小熊之一。1958 年在英國作家 Michael Bond 的書中第一次現身，由 Peggy Fortnumn 繪圖。故事中，失去雙親的牠，原本住在祕魯的一個小山洞裡，因為收養牠的阿姨要去住「老熊之家」，沒辦法再繼續照顧牠了，隻身從祕魯來到英國，在倫敦的帕丁頓車站迷路，孤伶伶地看著車站裡人來人往，不知該往何處去，只好呆坐在失物招領處旁邊，脖子上還有阿姨幫他掛的吊牌：「請好好照顧這隻熊，謝謝！」幸而後來被好心的布朗夫婦收養，發生了一連串有趣的故事。

車站裡的帕丁頓熊攤位

　　幻想中，車站裡會有一區大大的帕丁頓熊特區。結果，只看到一部小小的攤販車，上面有帕丁頓熊的畫像，寫著「帕丁頓小熊在帕丁頓車站」（Paddington Bear at Paddington Station），滿滿的小熊娃娃、書籍、文具、衣物，雖說貨品滿豐富的，但和心中所想落差很大，「就這樣而已啊！？」有些疑惑。鑒於所有小熊都是 Made in China，只好忍心地不帶走任何一隻了。

　　回台灣後才發現，原來帕丁頓車站裡還有一尊帕丁頓小熊的銅像耶！只是當時都沒有發現，真是扼腕啊……。

帕丁頓車站
地址：Paddington station, London W2 1HQ
電話：084-5711-4141
交通：搭乘地鐵至 Paddington 站

帕丁頓地鐵站

琳瑯滿目的帕丁頓熊

帕丁頓車站

拒絕長大的彼得潘～肯辛頓公園

　　肯辛頓公園（Kensington Gardens），就在我們住宿的旅館附近，原先計畫要到公園走走、去黛妃生前居住的肯辛頓宮（Kensington Palace）看看、再到橘園餐廳（Orangery Restaurant）喝個下午茶。不過，最後除了在公園裡散散步，找尋那座彼得潘雕像，其餘計畫都沒有實現。

　　公園面積超大，加上看錯園裡的標示圖，繞了好大一圈，費了好大的勁，好不容易才找到傳說中的彼得潘（Peter Pan）這個拒絕長大的小男孩。

　　1904 年蘇格蘭小說家詹姆斯‧巴里（James Barrie OM），有一天來到肯辛頓公園，因和一群在水邊嬉戲的小孩玩起海盜遊戲，啟發了他寫「小飛俠彼得潘」的靈感。1912 年 5 月，詹姆斯‧巴里為了紀念這段緣由，特別將彼得潘的銅像贈與肯辛頓公園。從此，吹笛的彼得潘和歡樂的眾精靈、動物們的身影，便在肯辛頓公園裡重現。

　　為了一睹兒時故事書裡玩伴的真面目，說什麼也要找到他。

　　彼得潘背後是一整片蓊蓊鬱鬱的夏日樹林，枝葉太茂盛了，有些難取景，彼得潘

有眾天鵝和白天鵝的湖面

都快要和它們融為一體了。看過站在冬季淒清空曠裡的彼得潘，整體輪廓就非常明顯。不過，無妨！飄洋過海親自來和他說聲「哈囉」的這份誠意，想必他應該能感受得到吧。

踩在蜿蜒又曲折的小徑上，就像在走迷宮，當作健行囉。無意間在草地上，發現藏身在草堆裡一小朵一小朵的蘑菇，好可愛呀，那不正是小矮人們的家嗎？呵呵，真是幸運。

坐在噴泉區歇歇腳，看看白天鵝和黑天鵝怡然自得地在湖面上游來游去，非常童話的一個早上呢。

肯辛頓公園

地址：Bayswater Road
電話：020-7262-5484
交通：搭乘地鐵至 Queensway 站

肯辛頓公園裡的彼得潘

彼得潘雕像來由介紹

藏身草堆裡的朵朵蘑菇

肯辛頓公園一隅

肯辛頓公園一隅

肯辛頓公園一隅

彼得潘剪影

找尋聖杯～聖殿教堂

　　在十字軍東征時期扮演重要角色的聖殿騎士團，因《達文西密碼》一書的描述而更充滿傳奇色彩。出發前已從網路得知聖殿教堂（The Temple Church）還在維修中，無法進去參觀，單純去看看外貌而已。

　　走過艦隊街（Fleet Street），一路上還有許多景點，如：氣派優雅的科爾陶德學院畫廊（Courtauld Institute of Art Gallery）、華麗莊嚴的皇家法院（Royal Courts of Justice）、分隔島上小小的聖克萊門德教堂（St Clement Danes）……但都被行色匆匆的我們一一略過。前往聖殿教堂的路不算好找，七彎八拐之後，終於在聖殿區的小巷中，找到這座不起眼的小教堂。

　　古樸的外表，在自成一格的靜謐聖殿區裡格外神祕。相傳 12 世紀初，聖殿騎士團在此蓋了這座教堂作為根據地，其建築風格與一般教堂相差甚大，圓頂的設計是模仿

聖殿教堂外觀

聖地耶路撒冷的聖墓教堂（傳說中耶穌的聖墓所在地），風格介於羅馬式與哥德式之間，14 世紀聖殿騎士團遭解散，聖殿區收歸王室所有。第二次世界大戰時，教堂曾被轟炸受損，經過修補重建後，呈現了今日的面貌。

厚重的黑色雕花大門無聲深掩著，無法入內參觀的確有些遺憾，裡面是否隱藏著聖杯的祕密？或許只有下一趟再來到倫敦時，才能揭曉答案了。

厚重的黑色雕花大門無聲深掩

Info

聖殿教堂
地址：Inner Temple, Fleet Street, London EC4Y
電話：020-7353-3470
網址：http://www.templechurch.com
交通：搭乘地鐵至 Temple 站

聖殿區外遠望

古色古香～莎士比亞環形劇場

　　從塔橋，沿著南岸往千禧橋方向走，路過著名的倫敦橋（London Bridge），就可以看到莎士比亞環形劇場（Shakespear's Globe），一個以木材、茅草和磚塊建構起來，中央為露天天井的建築物。特殊之處在於它模擬了17世紀莎翁多數作品演出的場所，在這裡上演的大多是穿古裝的歷史劇喔！

　　這天18:30上演的戲碼是「亨利四世」（HENRY IV PART 2）。莎士比亞環形劇場只在氣候最合宜的季節──每年5～9月間舉行表演。最便宜的票是5英鎊的站票，算是非常划算的體驗價。

　　劇場採環形設計，四周一圈又一圈、一層又一層圓弧狀的座位，在以前是王公貴族看戲的座位，缺點是視線上難免會出現死角。座位的票價從15英鎊至35英鎊，依能見度的不同而不等；中央天井部分則是站席，讓平民老百姓也能參與看戲，因為這樣的傳統，站席是最便宜、卻也是視野最棒的地方。

傳說中的 London Bridge

莎士比亞環形劇場外觀

　　為了體驗零距離的觀賞經驗，我們選擇站席。站著雖然很累，但可以非常貼近舞台，演員不時從自己的身邊穿梭走過演出，非常值回票價。要特別注意的是，既然買了站票，就不能坐下喔，席地而坐的觀眾可是會被劇場工作人員請站起來的，非常嚴格。

零距離、歡笑百分百

　　一齣戲的時間大約 3 小時，很逗趣、充滿喜感。雖然聽不太懂演員的對話台詞，事先也不知道劇情內容，但從演員的表情、動作去推測，也可略知故事情節。不太需要動腦筋的劇情，很輕鬆。有一幕，演員牽著牛從觀眾身邊經過上台（當

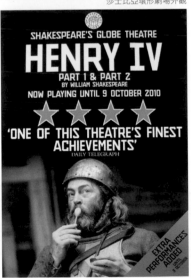

莎士比亞的作品「亨利四世」劇照

劇場內仿古的舞台

劇場外的劇照看板

然是道具牛），配上音效非常逼真，大家紛紛閃避。還有一幕，女演員將木桶裡的水往外（站席）潑，水柱就這麼灑落在觀眾身上，引起一陣不小的騷動，不禁慶幸自己逃過一劫。

　　中場休息時間，就是觀眾的拍照時間了（演出時不可拍照，已是在英國看各種戲的規矩）。我們在劇場內部盡情拍完照後，就跑出來了，因為腳很痠，呵。劇場外，販賣各種食物的小攤子，是大家補充能源和打開話匣子的好所在。

　　離開劇場時，太陽已經快要下山了。天際掛上橘紅的色彩。站在千禧橋上，看著聖保羅大教堂與泰德現代美術館（Tate Modern），看著歷史與現代，在千禧橋的連結下緊密結合。回頭往塔橋方向走，再次經過倫敦橋，心中不自覺哼唱起世界名曲「London Bridge Is Falling Down」，和白天相比，人潮少了很多。

　　伴著晚風和彩霞，我們手拉著手，開心又自在地踩在 London Bridge 上。

莎士比亞環形劇場
地址：Shakespeare's Globe, Bankside, London SE1 9DT
電話：020-7401-9919
網址：http://www.shakespeares-globe.org
交通：搭乘地鐵至 London Bridge 站

站在千禧橋上望聖保羅大教堂

聆賞 BBC 交響樂～皇家亞伯特音樂廳

亨利 · 伍德逍遙音樂會

　　8 月份的英國有許多藝術活動，如愛丁堡的國際藝術節（Fringe Festival）、軍樂節（Military Tattoo），倫敦則有亨利 · 伍德逍遙音樂會（Henry Wood Promenade concerts），邀請世界各地的知名樂團表演，地點就在造型獨特的皇家亞伯特音樂廳（Royal Albert Hall）。

　　1895 年開始，每年夏季舉辦的「Proms」音樂會，2010 年時已堂堂邁入第 116 個年頭。音樂會的票價很平實，讓大家都可以無負擔地欣賞古典樂、搖滾樂、流行樂等音樂性演出，充分展現「音樂無國界」的精神。

　　這晚，即將到 1871 年開幕的皇家亞伯特音樂廳，欣賞由 BBC 所主辦的英格蘭國家交響樂團表演。外觀很羅馬，類似圓形劇場設計的音樂廳，是維多利亞女王（Queen Victoria，1837 ～ 1901）為紀念 41 歲即病逝，喜愛文藝的夫婿亞伯特親王所建。記得

皇家亞伯特音樂廳外觀

在溫莎堡聆聽語音導覽時，介紹中曾特別提到一個悲傷的巧合 —— 維多利亞女王足足比亞伯特親王多活了 50 年。我想，那典雅紅磚色的外表下應該也承載了女王不少的哀思吧。

英格蘭國家交響樂團表演

我們住的旅館就位在肯辛頓區，和皇家亞伯特音樂廳相差幾條街而已。晚餐後，便悠閒地一路晃了過去。靠近皇家亞伯特音樂廳時，右手邊先看到一棟同是紅磚色，有點像城堡的建築「皇家音樂學院」（Royal College Of Music），向左轉，爬上階梯後就到囉。先進去拿預訂好的票，然後在表演開始之前，到音樂廳外，也就是肯辛頓公園（Kensington Gardens）南端的亞伯特親王紀念塔看看。陰鬱

陰霾天空下的亞伯特親王紀念塔

皇家音樂學院外觀

每年夏季舉辦的 Proms 音樂會

平易近人的音樂饗宴

天空下的亞伯特親王雕像，憑添了更多的感傷。

　　和莎士比亞環形劇場擁有異曲同工之妙處在於：中間一樣有最低價位的站票可供選擇。站票上次已體驗過了，這次想輕鬆點坐著聽，就買了價位不算高的「Hand Rail View」，售價 14 鎊的票（實際觀賞後發現，亞伯特音樂廳對於站票的要求不若莎士比亞環形劇場嚴格，很多人站累了，便退到群眾後方坐著休息，想要省錢的朋友可以考慮喔）。

　　音樂廳內部非常華麗，座位設計以環形為主，抬頭望天花板，一個又一個散發藍色光芒的音響圓盤，彷彿一顆又一顆點綴在夜空的小星星。整場演出行雲流水，不過兩個沒有音樂細胞的人，在歷經兩個小時的藝術洗禮後，有些疲憊。音樂廳裡觀眾席全滿（光是座席便可容納 8 千人），感到有些悶熱，覺得空調似乎不太好（或許廳內並無空調）！？到快要尾聲時，甚至有股想要「逃離現場」的衝動，但，還是忍住了。

對我而言，在這個具有特殊意義的皇家亞伯特
廳欣賞音樂的體驗，遠比音樂本身還重要啦！

音樂會結束後，外面已是漆黑一片，並下
起了大雨。廳外，原本混亂的散場畫面，更加
紛亂。拍完了雨中有點淒清的亞伯特音樂廳夜
景，撐起了傘，手牽著手雨中散步回去，讓剛
剛躁熱的情緒，稍微冷靜，也讓經過音樂薰陶
的心，沉澱下來……。

皇家亞伯特音樂廳

地址：Kensington Gore, South Kensington, London,
　　　SW7 2AP
電話：020-7589-3203
網址：http://www.royalalberthall.com
交通：搭乘地鐵至 South Kensington 站

進去瞧瞧囉！

華麗的音樂廳內部

華麗精彩的音樂劇

　　倫敦市區中心的皮卡地里圓環（Piccadilly Circus）中央，有尊非常著名的希臘愛神 Eros 雕像，大大的翅膀，引弓射擊，單腳站立在噴泉上方。

　　從白天到黑夜，來自世界各地的人們團團將祂圍住，永遠熱鬧非凡，歡樂不休。

　　夜倫敦最活躍的地方，莫過於這裡。或在圓環底下，看著大樓的看板霓虹燈轉換；或是佇立一旁，欣賞街頭藝人的表演。鄰近餐廳，饕客們享受各地口味的美食；酒吧外，拿著酒杯的人們，天南地北。

　　天色慢慢昏暗，倫敦精彩絕倫的夜生活即將展開。

媽媽咪呀

　　在倫敦，夜生活有千百種選擇。不過，走進歌劇院，來場藝術饗宴，絕對是最佳的抉擇。

皮卡地里圓環經典夜景

有口碑的「Les Mis'erables」、「Mamma Mia」、「The Lion King」、「The Phantom of the Opera」、「Chicago」……等，或新興的「Wicked」等劇，都可以列入考慮。就算不是內行，看看熱鬧也很有趣。

能在「原產地」看到一流的卡司演出，非常值回票價。畢竟，遠渡重洋來台表演的劇團通常都是二軍，而且當然也就不只這個價位囉。

「Mamma Mia」是融合了瑞典知名的ABBA 合唱團，24 首暢銷歌曲所串成的音樂劇。其中，「Honey，Honey」、「Money，Money，Money」、「Dancing Queen」、「I Have A Dream」等歌曲非常受到大家的青睞。

載歌載舞的肢體表演、詼諧有趣的台詞對白，清新明亮的舞台布景，非常推薦給初次欣賞音樂劇的朋友，或扶老攜幼全家一起來欣賞。

全劇故事背景在藍白色彩的希臘。單親媽媽 Donna 的女兒 Sophie，在 20 歲婚禮前夕，希望得到親生父親的祝福，因而從母親的日記中，發現母親的舊情人 Sam、Harry、Bill 可能是自己的父親，瞞著母親邀請他們來島上，進而發展出有趣而溫馨的劇情。

Prince of Wales 戲院

輕鬆歡樂的 Mamma Mia

簡單、愉悅而明快的歌聲與樂聲貫穿全場，歡樂心情也隨之躍動起來。我們坐在二樓第二排的座位，視野極佳。每個一眨眼、一挑眉的細膩表情，全都映入眼底。即使聽不太懂歌詞內容也沒關係，從角色的眼神動作中，輕鬆揣摩故事情節的進展。毫

念頭：「不如試試便宜些的價位吧！」因此選了二樓最後一排靠中間的兩個位置。

　　當天實際進了戲院發現，好多東方面孔。單以二樓來說，幾乎占了近半數，聽口音，有香港人、大陸人、日本人、韓國人，還有看來很像旅行團的團體客人。這是在「媽媽咪呀」和「悲慘世界」都沒發現到的情況，可見「歌劇魅影」在亞洲地區真的很受歡迎呢。

　　開演沒多久，就發現了一件「很嚴重」的事情──選二樓最後一排的位置真是失策啊！因為隔層很低（上方還有一層座位），所以，魅影在舞台上方行走穿越的特效，會被遮住一點點，需要伸長脖子、抬頭往上看，好累。旁邊兩位情侶更慘，視線被斜前方的大柱子擋住，過沒幾分鐘，他們便自動換去更邊緣（沒人坐）的位置了。坐在這，雖然也能看到演員的表情，但已經不可能捕捉到非常細微的神情了。

　　另外，不得不說，劇場人員還挺小氣的。在工作人員推著冰淇淋到各樓前方販售的中場休息時間，也就是觀眾起身喝飲料聊天、上洗手間，或者拍照留念的時候了，大家最有興趣的莫過於垂落在舞台上的吊燈，不約而同紛紛對它按下快門，這時，嚴厲的「No Photo！」此起彼落響起，哇～好嚴格喔！

　　不解的是，為什麼都已經中場休息時間了，還是不行拍照呀？非常不人性耶。扣分！扣分！我很任性地因為這個理由不買它的 CD 了。

歌劇魅影的 DM

🇬🇧 Info

威爾斯王子戲院（Prince Of Wales Theatre）
地址：Coventry Street, London, W1D 6AS
電話：0844-544-3830
網址：http://www.princeofwalestheatrelondon.com/
交通：搭乘地鐵至 Piccadilly Circus 站

皇后戲院（Queen's Theatre）
地址：51 Shaftesbury Avenue, London, W1D 6BA
電話：0870-950-0930
網址：http://www.queens-theatre.co.uk/
交通：搭乘地鐵至 Piccadilly Circus 站

女王陛下戲院（Her Majesty's Theatre）
地址：Haymarket, London, SW1Y 4QL
電話：0870-890-1106
網址：http://www.thephantomoftheopera.com/
交通：搭乘地鐵至 Piccadilly Circus 站

一圓足球夢～英超足球聯賽

　　一直以來有個小小的願望。多麼希望有天，能坐在歐洲足球場的觀眾席上，親自感受歐洲足球迷的狂熱，體驗比賽場邊持續不斷的加油歌聲。這次，終於可以一圓這個夢想了。

　　英超足球聯賽（England Premier League）在歐洲足球聯盟中，屬於頂尖的聯盟，不僅僅是技術，更因薪資。原本期待看到卻爾西（Chelsea）、阿仙奴（Arsenal）、或者曼聯（Manchester United）這幾支球隊的比賽，但他們的票實在太搶手了，不是會員，根本買不到。最後，看的是韋斯咸（West Ham）的主場賽事，縱使不是四大豪門中的頂尖球隊，但身屬 20 支聯賽球隊之一，實力仍有一定的水準，所以也感到非常開心。

足球場裡的明星球員看板

前往韋斯咸足球場

　　為了迎接 2012 倫敦奧運，周末的地鐵經常屬於輪流維修的狀態。這個星期六，又碰上了地鐵維修，幸好，可以靠接駁公車前往球場。在公車上，已經可以感受到英國球迷的狂熱。看到不少球迷都穿著主場球隊的球衣，頓時安心不少，因為出發前做的功課都是以地鐵站的移動為主，臨時換成搭公車，正擔憂著要在什麼地方下車好呢？等下跟著他們就沒錯囉！

　　循著「West Ham Football Ground」（韋斯咸足球場）的指標往前走，道路周圍好多販賣球賽相關產品的小攤販，不過既然這裡是 West Ham 的根據地，各式商品如：T恤、圍巾、帽子，當然也都是紅藍相間的色彩囉。一路上，好多被爸爸媽媽牽著、抱著、拉著的小朋友，全身上下也都一副紅藍相間的標準裝扮。置身這樣的氣氛裡，感受到歐洲人對於足球百分百的狂熱和支持啊！抵達球場，繞了好大一圈，才在近百個入口中，找到屬於我們的門票入口，接著，就是想辦法擠進座位裡。

　　位置非常好，就在球場正中央、看台 East Stand Upper 的位置，從這裡可以清楚看到球場每一個角落。在座位上，一邊看著球員場上熱身，一邊聽著一旁的球迷討論

球賽就要開始囉！

賽事，興奮地融入場子裡。舉目望去，東方臉孔少之又少，屈指可數。和身旁熱絡寒暄近況的大叔大嬸級道地球迷相比，我們真是十足的觀光客，忙著東拍拍西拍拍，拍場地也拍自己。有位大叔，看我們這麼忙，親切地主動表示要幫我們兩人拍合照，呵呵，真的好「感心」啊，不由連聲跟他道謝（大叔心裡一定在 OS：孩子，小事一椿！我來球場就像走廚房一樣啊）。

熱戰足球

依照球賽慣例，球員帶著小朋友進場。唱完歌後，裁判哨音一響，比賽正式開始。上半場，主隊挾著主場優勢，砲火猛烈，但運氣不佳，雖然掌握了大多攻勢，射門次數也多很多，甚至還有一次 12 碼罰球的機會，但總缺臨門一腳，無法得分。球迷們在緊張時刻努力加油打氣、唱歌、鼓掌；球沒進時則附帶幾聲嘆息、幾句評論，現場氣氛熱烈到不行。

下半場，比賽有不同的發展。或許上半場久攻不下，主隊球員有些心浮氣躁，一個不小心，讓對方進球。這讓主場的球迷、球員都很錯愕，包括我也是，因為那球真

戰況激烈的足球場上

的莫名其妙就進了！現場氣氛頓時變得很詭異，儘管球迷還是努力加油，球員仍拼命進攻，但當客隊再一次破網，除了球場一角落大聲歡慶外，其餘球迷都鴉雀無聲。之後，主隊靠罰球進了一球，出現一絲生機，但客隊於 80 多分鐘時，再一次毫不留情的破網，比賽大勢已定，失落的球迷開始低聲咒罵，起身憤而離開。在裁判吹響比賽終了的哨音時，球場已經空了三分之一了。

West Ham 和 Bolton 雖不是頂級強隊，但不愧為頂尖聯盟，比賽過程十分流暢，高潮迭起，球員進攻意識也很強，整場比賽很精彩（比起世界盃，好看多了）。當然，主場球隊落敗，沒能親臨那種獲勝時全場狂歡的場面，有些可惜。但能跟著其他球迷一起加油狂歡、一起吼叫嘆息，感覺真的很棒！

熱血激昂的比賽結束，天空飄下細雨。逛了一下球場的紀念品部，再次感受球迷的熱情（有位球員被團團圍住索取簽名，好像明星呀），也感受到球迷對球隊的死忠（即使輸球了，周邊商品仍是拼命照買）。

散步回地鐵站

回去，再度坐公車。只是，球場附近的公車，為了消化幾萬名球迷，每一部都塞得滿滿的，要擠上去實在太困難了。等了幾次後，我們就放棄啦。問了路人，聽説走

West Ham United 外觀

到地鐵站「只要 20 分鐘」，便決定一路走回去，運動一下，又可順道看看不一樣的街景。

這地區是倫敦的第 3 區，房屋比較破舊，很多庭院並沒整理，只是簡單鋪上水泥，花園幾乎荒蕪，街道也髒亂了些，擦肩而過的居民和商店裡的店員多屬中東臉孔。若晚上隻身走在這裡，應該會怕怕的。換個方面想，儘管沒有光鮮亮麗的外表，這裡畢竟還是歐洲建築的風格與味道，當作探險般闖蕩，也別有一番風情。

「只要 20 分鐘」的路程，我們足足走了一個小時才到 Stratford 站（只有幾次稍稍停下腳步拍照，全程都很認真在走）。

實在懷疑，路人是想鼓勵我們，所以把時間說得如此輕鬆嗎？不管啦，總之是充實又豐富的一天。現在回想起來，嘴角仍忍不住揚起呢！

紅藍相間標準裝扮的球迷

英超聯賽（Barclays Premier League）
購票資訊電話：0871-222-2700
West Ham United 網址：http://www.whufcboxoffice.com/

另一種風味的倫敦街景

被團團圍住索取簽名的球員

不怕貨比貨～天使跳蚤市場

　　距地鐵 Angel 站，步行約 5 分鐘路程，有一個天使跳蚤市場（Camden Passage），「天使」（Angel）是正式名稱，不過當地人喜歡暱稱它為 Camden Passage。

　　倫敦本身有很多個跳蚤市場，每一個市場的擺攤時間都不一樣，今天剛好是天使跳蚤市場的值班日。用完早餐的我們，興沖沖地先跑來這裡尋寶。雖然已經開始營業，但可能時間還是早了些（9 點多），並沒有很多商家。

擺攤中的天使跳蚤市場

跳蚤市場賣的東西千奇百怪，讓人眼界大開。有
很古老的相機，買了大概也不能用的；也有幾張不貴
的畫，連框一起賣，朋友買了，只是不知道他是買畫，
還是買框？讓我想到「買櫝還珠」的故事；甚至還有
一大串生鏽斑駁的舊鑰匙，連這也能拿出來賣，真不
愧是跳蚤市場。

不是假日的天使跳蚤市場，人潮和攤位都沒有想
像中多，無需摩肩擦踵，便可以最閒適的姿態輕鬆走
完。縱使最後一件戰利品也沒有，逛逛跳蚤市場，本
身就是一件很有趣的享受了。

天使跳蚤市場

天使跳蚤市場
地址：Camden Passage, N1
營業時間：主要商店為周三、周六
網址：http://www.camdenpassageislington.co.uk/
交通：搭乘地鐵至 Angel 站

什麼都能買、什麼都能賣

很有歷史感的古董

倫敦的菜市場～巴拉食物市集

　　巴拉食物市集（Borough Market），位於泰晤士河南岸，是一個以食物為主角的市集，曾是電影「BJ 單身日記」（Bridget Jones's Diary）的拍攝地，所以名氣不小。因為對這部電影的喜愛，加上我們又很嗜吃，說什麼也要來看看這個英國的菜市場。

　　出 London Bridge 地鐵站，走了幾步，發現一面黃色的牆上畫有綠色手指頭，上面寫著：Borough Market SE1，順著食指所指的方向，進入市集。牆上大大的一頭牛看板，註明「Where You Are」，牛的肚子劃分成 3 個主要區塊 —— Middle Market、Green Market、Jubilee Market。這裡是倫敦新鮮蔬果的批發集散地，有人把它的地位比擬作東京的築地市場，同樣也是很多大廚採買食材的主要地點呢！

　　食物的香味撲鼻而來，各式各樣的食材放在攤位上，供饕客選購。市集的規模雖不算大，但麵包、蛋糕、乳酪、起司、新鮮蔬果、肉品、熟食、飲品、花卉，應有盡有，

Borough Market 外觀

而且顏色都很新鮮，看起來很好吃的樣子。我們好奇地在每個攤位逛逛，看著各種有趣的食物。在地人之外，觀光客不少，非常熱絡。在一攤看來頗可口的派餅前照相時，可愛的店員（或老闆娘）在後方舉起了雙手比 YA！呵，他們應該對成為遊客紀念照中的一景習以為常了吧。

有個賣海鮮燉飯的攤子，三大鍋不同口味 —— 綠咖哩、黃咖哩、紅咖哩，各搭配不同的海鮮、蔬菜下去熬煮，冒著白煙的食物香氣，讓人口水直流，店員熱情招呼經過的客人試吃，非常大方。我們買了盒「綠咖哩海鮮燉飯」，粒粒分明的米飯上面，淋上由蝦子、花枝、淡菜、馬鈴薯組成的綠咖哩，熱騰騰的。在這颳著風的天氣裡，找個台階坐下，就地享用，讓多日未接觸米飯的胃腸回味一下懷念的米飯滋味。

很喜歡尋常生活市集中散發出來的生命力，尤其是食物市集。

巴拉食物市集
地址：8 Southwark, Street, London, SE1
營業時間：周四～六
網址：http://www.boroughmarket.org.uk/
交通：搭乘地鐵至 London Bridge 站

色彩鮮豔的蔬菜水果

熱騰騰的綠咖哩海鮮燉飯

滿坑滿谷的火腿，現切喔！

巨無霸圓輪起司

倫敦的菜市場

可愛的豬肉派餅

很有地中海風情的攤位

新娘百分百～波多貝羅市集

　　星期六的諾丁丘（Notting hill）有大型的波多貝羅市集（Portobello Market），我們特別選在這最有看頭的日子前來。

　　原本從旅館搭地鐵到此只要兩站，7 ～ 8 分鐘的時間便可到達，卻因地鐵維修，換了一次車，大概 30 分鐘才抵達。

和英國格友見面

　　逛市集前，先與因部落格而相識的朋友 —— 倫敦遊客（londontraveller）見面。在澳洲長大，現住倫敦附近的他，因對中文有興趣，1997 年來到師大的語文中心學習中文，也因此認識了韓國籍太太（同在語文中心的同學）。回到英國工作後，為了練習中文，寫了一個中文的部落格，分享他的台灣旅遊體驗。這次到英國，倫敦遊客是我們遇到難題時最佳的諮詢對象。在時間可以配合下，大家相約英國見面。

　　約定的地點在諾丁丘站出口旁的 RBS 銀行前。體貼的他，事前還先傳了電子地圖給我們看，怕我們找不到地方。還未到 10 點，倫敦遊客已經提前到了，一旁還有他的

人山人海的波多貝羅路口

劇中男主角經營的旅遊書店

一整片的老裁縫機店面

一整排彩色房子

太太和從韓國來的岳母，待會她們要去逛街。我們和倫敦遊客到附近的星巴克，喝咖啡聊天。聊著我們這次在英國的旅行、他去挪威自助的經驗、彼此在英國與台灣的生活，相談甚歡，一點都沒有察覺時間的流逝。告別時，約定著下一次台灣再見面。

超人氣市集

　　跟著川流不息的人潮來到波多貝羅路（Portobello Road），長長的街道兩旁擺滿小攤子。人潮前仆後繼從四面八方湧來，名符其實的「人山人海」，置身其中被人群推著走，也是一個很有趣的體驗。

　　波多貝羅市集是一個大型雜貨市集，蔬果、乳酪、麵包、骨董、畫、飾品，從吃的到用的都有，甚至生鏽鐵牌、門把、餅乾鐵盒子、古書等等，若要細細將每一個攤位都逛遍，肯定眼花撩亂，到天黑也走不完。

　　有一家小店門口更是水洩不通、寸步難行，好奇的我也努力擠進去探一探虛實，原來店裡全是大大小小的老裁縫機，雖然看不懂葫蘆裡到底賣什麼藥，但，一整片的

老裁縫機真是充滿 50 年代復古的氣氛啊！隨處可見的街頭藝人也是一大特色，彈吉他、唱歌、雜耍，神色自若地就在街角、牆邊表演了起來，融為市集的一部分。

諾丁丘聲名大噪的原因之一，是因為電影「新娘百分百」（Notting Hill）曾在此拍攝，劇中男主角經營的旅遊書店，就在市集街道上旁邊的一條巷子裡。The Travel Bookshop 藍色的看板，地球形狀的招牌，述說著這家書店以旅遊為主題，經過這麼多年，仍有不少休葛蘭（Hugh Grant）或茱莉亞羅勃茲（Julia Roberts）的粉絲來此對照劇中場景。

漸漸走出市集，人潮不再擁擠，眼前突然豁然開朗。細細體會剛剛因匆匆走過而忽略的一整排彩色房子，粉綠、粉藍、粉紅、粉灰、粉黃、粉橘、粉紫……所有粉嫩的顏色全都穿在房子身上了，好浪漫。

出售的小藍牌房屋

我在一家油漆有些斑駁，看不出是粉灰色還是粉綠色的房屋前停下腳步，上面藍色的小圓牌吸引了我的注意（在英國，每個小藍牌背後都有一個故事，紀念曾在此留下足跡的名人）。「George Orwell 1903-1950」我輕念著這個從未見過的名字。屋前，大大的牌子，紅色的字寫著「SOLD」（出售），我很有興趣地轉頭說：「不知是哪位名人曾住過？在這買一間房子似乎也挺不錯！」「是喔？市集營業時會不會太吵呀？」說罷，兩人不由得大笑起來（查了資料後發現：喬治‧歐威爾，小說家及政治評論家，代表作品《動物農莊》是一部政治諷刺小說）。

偶一抬頭，有個印著「新娘百分百」劇照的包包懸掛在空中，平凡的書店老闆 William 走過大明星 Anna 的海報前。1999 年的電影了，縱使物換星移，但女主角 Anna：「I'm, I'm also just a girl, standing in front of a boy, asking him to love her.」（我只是，我也只是一個女孩，站在一個男孩面前，請求他愛她）那句經典的台詞，仍然隱約漂浮在這浪漫繽紛的街道裡。

🇬🇧
𝓘𝓷𝓯𝓸 **波多貝羅市集**
地址：Portobello Road, London
營業時間：周六
網址：http://www.portobelloroad.co.uk/
交通：搭乘地鐵至 Notting Hill 站

印著電影「新娘百分百」劇照的包包

立著「SOLD」看板、有小藍牌的房子

窈窕淑女場景～柯芬園

柯芬園（Covent Garden），原本是修道院的菜園，經過悠悠歲月的交替，變成果菜市場。到了現代，又搖身一變為熱鬧時尚的購物市集，曾是 60 年代電影「窈窕淑女」（My Fair Lady）女主角 Eliza Doolittle 在片中的賣花地點。

大學時選修藝術欣賞課，課堂上，教授曾放過這部影片給大家欣賞。老實說，劇中如何呈現柯芬園場景，記憶已經很模糊了，唯獨，奧黛麗 · 赫本（Audrey Hepburn）那靈詰閃耀的雙眼仍鮮活於記憶中。

柯芬園裡有兩個主要市集：Apple Market 和 Jubilee Market，喜歡逛街的人絕對可以在此消磨很多時間。用餐時間，最受歡迎的莫過於賣食物的攤子了。冒著香氣的西班牙海鮮燉飯似乎很搶手，轉眼間，一個大鍋已盤底朝天。黃、紅、白、綠交織而成的鮮豔顏色，的確非常刺激旅人的味蕾。

柯芬園內的商店街

柯芬園外觀看表演的群眾

　　市集內，一攤又一攤、一間又一間的特色商店，尋常的觀光客拌手禮比比皆是，例如：大大「I ♥ LONDON」字樣的 T-shirt、棒球帽，米字旗圖案的鑰匙圈、磁鐵，經典代表紅色雙層巴士、黑色奧斯汀計程車、紅色皇家郵筒的模型，風景複製畫、立體浮雕……。另有價格較高的 DIY 創意設計商品，如：項鍊、耳環等首飾，手工原版畫等等，任君選擇。

　　遠遠地，有家店門口站著一個拿著望遠鏡、看來很有架勢的「虎克船長」。走近一看，原來，店內走航海風，帆船模型、藏寶盒、相框畫作、馬克杯等商品，不論大小，全和航海相關，讓人看了不禁熱血沸騰：伙伴們，準備揚帆出發吧！

　　旅遊書上很常出現的場景：群眾在「Punch & Judy Pub」外一字排開，觀賞樓下街頭藝人耍寶表演，觀看別人的同時也被別人觀看，成為眾多素昧平生相機裡的一景。說到 Punch 和 Judy 這兩個人名，可是大有來歷。英國民俗童謠中，有首「Punch &

尋常的觀光客伴手禮比比皆是

Judy」：

Punch & Judy, Fought for the pie；Punch gave Judy a knock in the eye.（龐奇和茱蒂，為了派打架，龐奇在茱蒂的眼睛打了一拳。）

超逗趣寫實的一首兒歌。忘了進去看看，裡面應該有賣「派」吧！？呵。

逛累了，就在廣場上席地而坐，休憩一下。在柯芬園這個熱鬧的市集裡，享受喧囂的午後。

拿著望遠鏡的「虎克船長」

柯芬園
地址：41 Covent Garden Piazza, London WC2E 8RF
電話：020-7993-6415
網址：http://www.covent-garden.co.uk/
交通：搭乘地鐵至 Covent Garden 站

藝術殿堂

珍藏的寶藏～大英博物館

　　1753 年建立的大英博物館（British Museum），和法國的羅浮宮（Musée du Louvre）、紐約的大都會博物館（The Metropolitan Museum of Art），並列「世界三大博物館」，是一個免費（特展除外）且歡迎拍照（勿使用閃光燈）的博物館，每年總吸引大批人潮來訪。

　　仰望大廳明亮的玻璃天幕，覺得這裡真是館裡最美的一景。想要更深入了解展覽內容的話，可花費 5 英鎊租借多媒體導覽機，中文介紹喔！除了語音導覽，偶爾也有相關介紹的影片會在螢幕上播放。

　　大英博物館的建立，源於漢斯・史隆爵士（Sir. Hans Sloane），他是內科醫生也是著名收藏家，共收藏了 7 萬多件的物品。1753 年去世後，將其所有收藏品捐贈給國家，喬治二世（George II）同年批

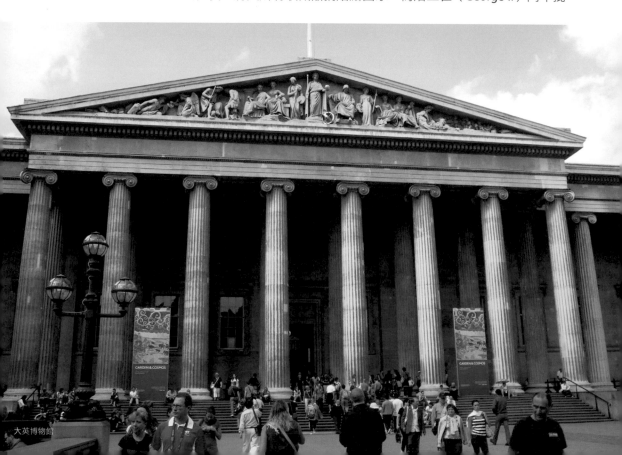

大英博物館

准了「大英博物館法案」。此後，加入英國透過遠航與戰爭網羅而來的世界各地文化
遺產，更豐富了館內珍藏。

　　不過，過多的收藏品讓博物館的空間不敷使用，後來移出美術品收藏，促使國家
藝廊（The National Gallery）的成立；移出自然歷史類收藏，促使自然史博物館（Natural
History Museum）成立；移出圖書館部門的收藏，促使大英圖書館（British Library）的
成立。

法老王在注視著你

　　古埃及、希臘羅馬館非常熱門，尤其，古埃及館裡充滿神祕色彩的木乃伊和羅塞
塔石碑（Rosetta Stone），緊緊抓住所有參訪者的目光。

　　埃及法老王拉美西斯二世（Rameses II）巨大半身像，名氣非常響亮。由雙色花
崗岩雕刻而成，現僅存頭部與上半身，它的右胸上有個不小的圓孔，是 18 世紀末拿破
崙（Napoléon Bonaparte）遠征埃及時，軍隊試圖移動雕像未果造成的。帶領古埃及

迎賓大廳明亮的玻璃天幕

埃及法老王 Rameses II 半身像

進入全盛時期的拉美西斯二世，在位長達 67 年，熱衷戰爭與建築，其木乃伊現存於開羅博物館（Egyptian Museum）。雕刻師在雕刻「眼睛」部分時，做了巧妙的變化，讓每一個觀賞者覺得法老王正由上而下看著你。

　　不知在這待了 200 多年的異鄉博物館裡，俯視眾生的拉美西斯二世心裡怎麼想呢？不少人義憤填膺地說：「當年英軍挾著殖民地時代的威勢在各地發動戰爭，把大肆搜掠的文物都拿回來館藏了，實在不應該。」然而，大英博物館也有話要說：「若不是經由館裡的妥善收藏，寶藏早被破壞得更厲害，至今可能已經蕩然無存了。」看來，公說公有理，婆說婆有理，此題真是無解啊！

大英博物館
地址：Great Russell Street, London, WC1B 3DG, UK
電話：020-7323-8299
網址：http://www.britishmuseum.org
交通：搭乘地鐵至 Holborn 站

大英博物館外一整排的電話亭

歐洲名畫寶庫～國家藝廊

特拉法加廣場

　　遼闊寬廣的特拉法加廣場（Trafalgar Square）很難不讓人注意到它的存在，中央高聳的雕像，是為了紀念尼爾森（Nelson）將軍在 1805 年特拉法加戰役中，率軍擊敗拿破崙而殉國所建。每年聖誕節，挪威都會贈送一棵大聖誕樹，立在特拉法加廣場上，感謝英國第二次世界大戰期間對其的支持與協助。

　　廣場兩邊各有一個大噴泉，豔陽下，清涼的水珠噴濺而出，透澈的水池看來好消暑，慵懶放鬆的遊客圍坐底下休憩。紀念碑下的 4 隻巨型銅獅，威風凜凜地鎮守四方，只是，刀光劍影的年代已走遠，獅子成了調皮青少年們的玩具，爬到它身上、坐在它頭上打鬧嬉戲，似乎有那麼一絲絲「虎落平陽被犬欺」的戲謔風情啊！

國家藝廊前方是特拉法加廣場

國家藝廊

　　國家藝廊（The National Gallery），就在特拉法加廣場後方，一整棟長形仿希臘廊柱和渾厚圓頂的建築，是英國的第一座國家美術館，裡面收藏超多名畫。雖然不太懂畫，但因為它非常有名氣，所以也來湊湊熱鬧囉。

　　梵谷、高更、莫內、雷諾瓦，這幾位畫家的作品是自己比較熟悉的。梵谷鼎鼎大名的「Sunflowers」（花瓶裡的 14 朵向日葵）就在眼前。求學時代很喜歡的印象派畫家雷諾瓦的畫，如「The Umbrellas」、「The Skiff」和莫內的「The Water-Lily Pond」……也彷彿觸手可及，那感覺很微妙。

　　近距離站在任何一幅畫前，細細體驗大師的筆觸，人與畫之間沒有太多的隔閡，也可隨意坐在沙發椅上，看著畫發呆，沒有時間限制，自在地與色彩共舞，好喜歡這樣悠閒的氣氛。

　　館內服務台有中文的語音導覽可供租借，一邊聽一邊欣賞，可以更深入了解各畫派的藝術表現和畫中精髓所在，要好好利用喔。

　　真實的畫作帶不走，但複製畫和由畫作發展而來的

梵谷的 Sunflowers（取自明信片）

國家藝廊仿希臘廊柱和渾厚圓頂的建築

廣場兩邊各有一個大噴泉

馬克杯、筆等等生活用品，卻是可以帶走的。我在國家藝廊禮品店裡買了 6 張畫作明信片，當作此行的紀念。光面的材質，色彩印刷得很精美。為什麼是 6 張呢？因為 1 張 0.6 鎊，任選 6 張 3 鎊，所以當然要買 6 張啦。哈！

　　入夜後的特拉法加廣場，人潮稍稍褪去，但，尼爾森將軍並不孤單，打上燈光的噴泉，飛濺的水花更顯晶瑩剔透，三五成群的遊人仍流連不忍離開，白天高昂的熱度被瑟瑟的寒意給取代，時間舒舒服服地在涼風中躡腳走過。

國家藝廊
地址：Trafalgar Square, London WC 2
電話：020-7747-2885
網址：http://www.nationalgallery.org.uk
交通：搭乘地鐵至 Charing Cross 站

國家藝廊及廣場夜景

充滿 Tiffany 藍～ F&M 百貨

充滿 Tiffany 藍的老牌百貨 Fortnum & Mason，1707 年成立，至今已有 300 多年的歷史。由 William Fortnum 和 Hugh Mason 創立，百貨名字即是他們兩位名字的組合。

Fortnum 家族世代為宮廷侍衛，Mason 家族 1705 年開始在 Mayfair 地區（著名精品街）經營商店，兩人在安妮女王（Queen Ann）時聯手將商品介紹入宮，建立起知名度。1863 年獲頒威爾斯親王的皇室認證章，從此成為御用品牌。

寬敞的 F&M 百貨，獨棟的外表顯現低調奢華，其聖誕節櫥窗一

Fortnum & Mason 外觀

向是倫敦的重要景點之一。夏末的 Fortnum & Mason，還未到飄雪的時節，聖誕氣氛已悄然而降。巨型聖誕樹上掛滿了五彩繽紛的星星、彩球、心形掛飾，過往的人們不禁停下腳步，嘴角洋溢著微笑，沉醉幻想在壁爐前拆聖誕禮物的 surprise 裡。

　　一樓販賣 F & M 本身最有名的極品紅茶，二樓的食品大廳販賣蔬果魚肉等生鮮產品，慢慢往上走，廚房用品、文具禮品、服飾等專櫃應有盡有。印有 F & M 字樣的 Tiffany 藍藤編野餐籃，似乎正展開雙臂，熱情呼喊：「帶我去野餐吧！」華麗的水晶燈、鮮豔的乾燥花、鵝黃色系溫暖的布置，在在都盈滿夢幻。

　　看那！由帕丁頓小熊擔任列車長的聖誕列車就要出發囉。快來和憨厚的小熊拍張照，提前過聖誕唷。

Fortnum & Mason
地址：181Piccadilly, London, W1A 1ER, UK
電話：020-7734-8040
網址：http://www.fortnumandmason.com/
交通：搭乘地鐵至 Piccadilly Grcus 站

F&M 藤編野餐籃

掛滿五彩繽紛掛飾的聖誕樹

明亮、溫馨的布置

生鮮超市販賣部

喝杯正統英式下午茶

　　相傳，英式下午茶的創始人是公爵夫人安娜（Anna Russell, Duchess of Bedford）起源於每次下午，肚子有點餓了，卻又離正式晚餐開始時間（19:00～20:30）還久的時候，她便請人準備上等的茶水、三明治、蛋糕類的點心裹腹。後來，更擴大邀請上流社會好友一起來她的鄉間別墅享用，這種喝茶聊天的形式在當時的名媛圈蔚為風尚，演變成一種社交活動。

　　直到現代，歷史悠久的大飯店裡，也一定都會有提供下午茶的餐廳，讓人一溫傳統午茶的舊夢。

　　午後，來到 Fortnum & Mason 裡的 St. James's Restaurant。輕輕坐下，來場午茶的饗宴吧！

　　桌上餐具，全是藍白色系的組合，三層式的精緻點心架上，依序擺著看似藝術品，

餐廳在 Fortnum & Mason 的 4 樓

三層式的精緻點心

先喝口香濃的紅茶

卻又非常真實的可口食物。一人份的標準午茶包含兩個蛋糕、兩個Scone（英式鬆餅）、一個三明治，外加一壺茶。

　　從哪下手好呢？由鹹而甜、由淡而濃是觸動味蕾的最佳食用方式。先從底層吃起：鮭魚奶油千層三明治、起司馬鈴薯塔。輕巧的鹹食墊完肚子後，接著第二層的Scone，有原味和酒漬葡萄乾口味，塗抹奶油或果醬食用。最後就是最上層的蛋糕類了，我們選了紫色薰衣草蛋糕、巧克力蛋糕和另外兩個叫不出名字但頗可愛的甜點。邊享用茶點，邊啜飲香濃的紅茶，大大滿足。

　　標準的一份午茶是 32 鎊外加 12.5％的服務費。摒除高貴的價格不説，這一頓下午茶體驗，真的是很英國啊！

St. James's Restaurant（F&M 內 4 樓）
地址：181Piccadilly, London, W1A 1ER, UK
電話：0845-602-5694
網址：http://www.fortnumandmason.com/
交通：搭乘地鐵至 Piccadilly Circus 站

全是藍、白色系的組合

頂級百貨～ Harrods 百貨

　　哈洛斯百貨（Harrods），傳聞中倫敦最高檔的百貨公司，氣派的建築也是倫敦的代表性地標之一。

　　Harrods 之所以成為頂級百貨的代名詞，主要來自於其堅守的：「提供任何顧客最完善的任何商品服務」（Everything for Everybody Everywhere）精神。創辦人 Charles Henry Harrod 原本是紅茶商人，1849 年以小型食品鋪起家，後來兒子擴大經營規模，成就了今日在歐洲百貨界的不朽地位，更是英國第一家使用手扶梯的百貨公司。至今，茶葉仍是 Harrods 的主力商品。

　　進到 Harrods，第一個印象就是人超多。每年都有超過 1.5 億的客人來此光顧。尤其紀念品區和食物區，人潮洶湧，除了擁擠，更有些吵雜，沖淡了高級百貨的感覺，要不是看到售價牌上高貴的價格，恍神間，真誤以為自己身在夜市，哈。

氣派的 Harrods 外觀

　　紀念品區裡，最受矚目的便是琳瑯滿目的泰迪熊。據說，著名的小熊維尼（Winnie the Pooh），就是起源於英國作家 A.A. Milne 在 1921 年時來到 Harrods 購買的一隻玩具熊呢。除了每年都會推出在腳丫印上年份的紀念版泰迪熊，還有穿上各種制服造型的泰迪熊，喜歡泰迪熊的人來到這，想必都捨不得離開了。

　　印上泰迪熊或 Harrods 建築圖案的 PVC 萬用袋，和印有禁衛軍、大笨鐘、塔橋等圖案的罐裝或桶裝餅乾、糖果、巧克力等零食，因為包裝精美、辨識度高，也是觀光客眼中的人氣商品。離開食品區往上走，香水化妝品、時尚精品、男裝女裝、設計師商品、廚房電器、寢具、樂器、書店、餐廳、咖啡廳……所有生活層面的需求都可在此得到滿足。人少了許多，終於感受到高貴的氣氛了！

　　夜晚，華燈初上的 Harrods 外觀建築，迥於白日的壯闊氣勢，當一盞一盞的小燈泡亮起，取而代之的是帶點神祕又卡通的風格，卸掉了悠久歷史的厚重，展現出可親的童趣。

夜晚的 Harrods

Info

Harrods
地址：87-135 Brompton Road, Knightsbridge, London, SW1X 7XL
電話：020-7730-1234
網址：http://www.harrods.com/
交通：搭乘地鐵至 Knightsbridge 站

Harrods 聖誕小熊 Archie

包裝精美、辨識度高的鐵盒裝零食

可愛的零嘴

古典百貨～ Liberty 百貨

　　身為全世界前幾名引領時尚流行的城市之一，倫敦有大大小小的個性商店和百貨商城可供購物，從平價到精品，任何的顧客都能在此得到滿足。

　　在倫敦，我私心喜愛的特色百貨有兩個，一是 Fortnum & Mason，另一個就是 Liberty 了。Liberty 在攝政街（Regent Street）上，光那古色古香的黑白傳統都鐸式建築外表，就非常深得我心。很具德國味的半木架式建築，活脫脫就是童話裡的場景啊！招牌低調而典雅，古典的雕花招牌上，畫著代表歷史的徽章圖騰，還有小小的創始年份「1875」字樣，最下方，內斂地標示著「LIBERTY」。

　　創辦人 Arthur Lasenby Liberty 以賣布料起家。初始，向岳父借了 2,000 英鎊創業，員工也只有 3 人。憑藉著獨特的眼光，專門販賣由東方（日本、印度等）進口的布料、雜貨和室內裝飾品，18 個月後便連本帶利地開始賺錢，擴充了店面，壯大成百貨公司

黑白傳統都鐸式建築的 Liberty

中庭宣洩而下晶瑩剔透的水晶燈 　　會嘎吱嘎吱作響的木頭階梯 　　樸實溫暖的棕色木柱隔間

的規模。現在，店裡仍販售著好多布料相關產品，就算不買，當作雅致的藝術品參觀，仍令人嘆為觀止。

　　爬上嘎吱嘎吱作響的木頭階梯，走在樸實溫暖的木製地板上，抬頭看看中庭宣洩而下晶瑩剔透的水晶燈，充滿歷史感的棕色木柱隔間，非常具有中古世紀的時代感。店內傳統和現代風格商品並俱，有包裝精美，像彩色糖果般的手工皂；有華麗厚重，民俗味濃厚的波斯地毯；也有年輕設計師設計的前衛時裝；更有走日式風格，彷彿草莓年輪蛋糕的卡哇依針插座⋯⋯，在這，橫跨了古今，穿越了東西，兼容並蓄的風格融合得天衣無縫。

　　Liberty 百貨一舉手，一投足，散發出來的盡是歲月洗鍊後、歷久彌堅的美感。

　　走出 Liberty，附近的 Carnaby Street 看起來也是一個逛街的好去處，商店小鋪林立。其中有家以拿著羽毛筆的莎士比亞為招牌的 NO.29 酒吧，值得您多看一眼，因為呀，斜上方窗口，有一個探出身子來的莎士比亞喔，哈哈！英國的招牌掛飾都好幽默，讓人發出會心一笑。

Liberty
地址：Regent Street, London W1B 5AH
電話：020-7734-1234
網址：http://www.liberty.co.uk/
交通：搭乘地鐵至 Oxford Circus 站

卡哇依針插座 　　Liberty 古典的雕花招牌

歡樂童年～ Hamleys 玩具百貨

攝政街上，Liberty 百貨附近有家同樣歷史悠久，別具特色的大型玩具百貨公司：
Hamleys，1760 年創立，我們 2010 年拜訪的時候，它正在歡慶 250 歲生日呢！

Hamleys，我很喜歡的一家玩具店，裡面滿坑滿谷的玩具，讓人忘掉憂愁，店員
也跟其他商店的店員不太一樣，會主動跟小孩接觸、示範新型玩具玩法給孩子看，總
是帶著親切而愉快的笑容，彷彿他們就是正在玩耍的快樂孩子。

最特別的一點，在這裡，不管年紀多大了，您都可以大大方方地拿起相機，和喜
歡的玩偶來張合照，沒有人會覺得幼稚喔！這種感覺和身處迪士尼樂園是一樣的，大
人小孩盡情解放，玩成一團。

在這，滿坑滿谷的玩具、玩偶是標準配備場景。英國不愧是泰迪熊的國度，和腳

Hamleys 內滿坑滿谷的玩具

底有著 Harrods 字樣的 Harrods 熊一樣，Hamleys 也有腳底印著 Hamleys 字樣的當家泰迪熊，毛絨絨的樣子超無辜，真想抱它回家。另外，在這裡，也可以 DIY 一隻專屬自己的泰迪熊喔！「Heart Stuff」的機器裡滾動著一團又一團像是白色棉花糖的棉絮，它是玩偶本身必備的填充物，鑲上各種零件、配件造型，獨一無二的熊熊就完成啦。

在模型區看到好大的風車模型（約有半個人高），裡面還住滿小熊、小象等動物家族，作工精緻又可愛，有股衝動想帶它回家，但體積實在太龐大了，最後，只好依依不捨地和它說再見。喜愛拼圖的我，最後的戰利品是一盒拼圖。

進入 Hamleys 玩具百貨，每個人都不自覺回到小小童年，無拘無束地玩了起來。心情不好時，來這感受一下歡樂的氣氛（不用門票，多讚啊），心情好時，更應該來 Hamleys 逛逛，讓歡愉的心情無限加倍！

倫敦的行程，在此畫下一個逗號。

接下來，又會有什麼樣的驚喜在等待著我們呢？期待……。

 Hamleys
地址：188 Regent Street London, W1B 5BT
電話：870-333-2455
網址：http://www.hamleys.com/
交通：搭乘地鐵至 Oxford Circus 站

處處是童心

大人小孩都愛 Hamleys

想要帶回家的風車模型

Chapter 2

# 英格蘭
>>> England

撐一支長篙在劍橋尋夢，

和溫莎公爵暢談古堡的浪漫；

與彼得兔相約溫德米爾湖畔漫步，

感受約克的古老與哈沃斯的蒼涼；

麗池城堡靜立湖中，蜜糖色散落科茲瓦爾斯的田園上，

渾然不覺，時間在格林威治手中，悄悄流逝～

IMMIGRATION OFFICER
✿ (4410) ✿
-8AUG 2010
HEATHROW(4)

魔法學校的長廊～劍橋

　　前往那令徐志摩迷醉的、「揮一揮衣袖，不帶走一片雲彩」的「康橋」一探究竟吧！

　　搭乘地鐵，來到王十字車站，接著轉搭 9 點多的火車，前往劍橋（Cambridge）。等待火車的時候，找到魔法世界的入口：9 又 3/4 月台。一部手推車，不知因為魔法失靈還是超載，而被卡在月台的入口。引人對魔法世界，產生無限想像！

　　坐上火車，將近一個小時的車程，吃完剛在 TESCO 買的通心麵、蘋果汁加洋芋片組合的早餐，補一下眠之後，劍橋於焉出現。劍橋雖然是座大學，卻已經和城市融為一體，如果街上少了到處招攬觀光客去搭船的大學生，如果學院門口沒有特別標示入內參觀要收取費用，

9 又 3/4 月台   三一學院前的蘋果樹

大概無從判斷這座城市其實也是個大學。

　　先看到一個很大的市集廣場，小攤子賣的商品以紀念品居多，也有些日常用品及
蔬果食物。好整以暇地在市集裡晃晃，看看有沒有些特別的東西？感覺上，會在這裡
逛的，仍以外來遊客居多。

國王學院

　　國王學院（King's College），劍橋大學最宏偉、也最古老的一棟建築，和貴族中
學——伊頓公學一樣，都是亨利六世（Henry VI）所創建。進入國王禮拜堂內參觀，精
緻的雕刻技術、美麗的彩繪玻璃，無不顯示著教堂的莊嚴與歷史。學院外一整片青蔥
翠綠的草坪，看起來好柔軟、好舒服，如果可以在上面翻滾臥躺，一定非常愜意。

　　晃到河邊，走上劍橋大學最古老的橋樑——克雷爾橋（Clare Bridge），康河的水
正不斷從橋下流過，河上的行船，帶領著遠來的旅人，從不同視野欣賞劍橋的美。大
學裡的每一棟建築都很有特色，每一座歷經歲月洗禮的古蹟，正無言地訴說著劍橋的

剣橋大學國王學院

故事。想要知道是不是學院，最簡單的方法，就是走到門口，看看入內需不需要收費？要收費的，就是學院；不收費的，也進不去參觀啦。很佩服學院的人，利用這樣的方法，要嘛可以阻止觀光客入內叨擾，要嘛也可以賺一筆。不過，如果在台灣，大概會被抗議吧！？要留意的是，考試期間學院全面禁止入內哦。

三一學院

　　三一學院（Trinity College），牛頓（Newton）、培根（Bacon）、拜倫（Byron）等人都是它的傑出校友。三一禮拜堂內，偉大學者們的白色大理石雕像佇立其中。學院大門旁草地上有棵不起眼的蘋果樹，它可是掉下蘋果砸到牛頓的那棵蘋果樹的孫子喔。呵，拿顆蘋果和它留影吧！

　　學院內有部分正在進行整修，不能進去參觀，因此，票價也很人性化地打了折扣。中庭面積非常廣大，同樣有著美麗草坪，與四周古老建築結合，給人沒有壓迫感的溫和感受。

　　在途中，有一座圓圓胖胖的「圓形教堂」（The Round Church），超像卡通裡的場景，是英國很少見的可愛型教堂。1130年建立，造型與眾不同的它，具有「生命－死亡－復生」的象徵意義。見到它，忍不住聯想起捷克布拉格的聖馬丁教堂（Saint Martin's Church），同樣胖呼呼的外表，讓我總想像著，隨時會有卡通人物開門走出來！

092

三一禮拜堂內的牛頓雕像

聖約翰學院

一進入浪漫主義詩人華茲華斯（Wordsworth）就讀的聖約翰學院（Saint John's College），直奔大名鼎鼎的嘆息橋（Bridge of Sight），它的造型神似威尼斯的嘆息橋，因而得名。

國王禮拜堂內精緻的雕刻

嘆息橋外，立著「非學院學生，請勿進入」的告示牌。一開始，我們很乖地只在外面拍拍照，但，看著不同國籍的遊客都從容不迫地走過橋，內心忍不住嘀咕：「人家也好想過去呀。」最後，也就神不知鬼不覺地混進人群中散步過去囉。在義大利沒機會走真正的嘆息橋，來到劍橋走上這復刻版的嘆息橋，興奮之外，些許緊張，很有趣的經驗啊。

圓圓胖胖的圓形教堂

嘆息橋另一側，有條優美的長廊，那是電影「哈利波特」（Harry Potter）拍攝的場景之一，就讀霍格華茲魔法學校的哈利、妙麗、榮恩下課都會經過的走廊。拱頂的線條超漂亮，尤其，踩在一塊塊石板拼接起來的地上，步履都輕盈了起來，感覺隱形的學術小精靈正跳躍於趾間。聖約翰學院，一個有著嘆息橋又有著魔法學校走廊的學院，滿有意思的。

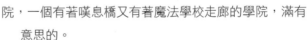

撐篙遊康河

　　走在劍橋，到處可見穿著率性的年輕學子在「拉客」——邀請旅人搭船遊康河，這是學生賺取外快的方式之一。除了搭船，也可選擇租一葉小舟自己撐篙，不過，當然是由別人代勞比較舒服啦，也比較不會發生「交通事故」。

　　從康河上看劍橋，不同的角度，又是完全不同的味道。以此方式來欣賞學院，輕鬆多了，還可以看到不同的面向。例如，頗負盛名的國王學院，從康河上仰望，更是漂亮，在翠綠草坪的盡頭，教堂聳立，風景如詩如畫，讓人陶醉。

　　兩岸，人們悠閒散步、歇坐、聊天，康河本身似乎有種魔力，讓靠近她的人，不自覺得放鬆，並享受自然帶來的舒適。沿途，潺潺流水，順流而下，還有許多特色橋樑橫跨河面，最特別的就是連接皇后學院（Queen's College）兩岸的數學橋（Mathematical Bridge）了，透過精密計算，讓每一根木頭依靠著其他木頭支撐，號稱完全不用一根釘子，真是巧奪天工啊！

　　飄盪在河面上，欣賞兩岸風光，聽長得很像榮恩的船夫訴說故事。水面上，水鳥嬉戲、覓食；河道中，小船來來往往。午後，在康河的陪伴下，與劍橋邂逅。

🇬🇧 劍橋大學
Info
地址：Trinity Lane, Cambridge CB2 1TN
電話：01223-337733
網址：http://www.cam.ac.uk/
交通：由 King Cross 車站搭乘火車，至 Cambridge 站下車

三一學院裡的華麗水井

聖約翰學院長廊

康河撐篙

聖約翰學院裡的嘆息橋

嘆息橋外觀

劍橋大學國王學院

皇家行館～溫莎古堡

巍峨的溫莎古堡（Windsor Castle），見證了溫莎公爵（Edward VIII）不愛江山只愛美人的浪漫愛情。

始建於 1070 年，經過多位君王整修擴建而成的溫莎古堡，是現任女王伊麗莎白二世小時候居住的家，登基後的女王至今仍常常回到這裡來度假，也在國寓（The State Apartments）內設置國宴款待外賓，因此，溫莎古堡是英國皇室在倫敦郊外的重要居所。女王每年兩次正式駕臨溫莎，一次是復活節，一次是 6 月中每年一度的嘉德勳章（起源於中世紀，當今世上歷史最悠久的一種勳章，授予英國騎士，代表最高榮譽）授勳儀式。

前往溫莎的交通方式主要有兩種，可以從滑鐵盧車站，也能從帕丁頓車站。如果趕時間，帕丁頓車站會是比較好的選擇，因為從滑鐵盧車站開的車，中途停靠站多，我們已經提早出門，想要早點去溫莎看衛兵交接，卻沒想到抵達溫莎時也快 11 點了。

溫莎古堡的圓塔及城牆一角

高帽子禁衛軍

來到溫莎古堡的售票亭，嚇了一跳！外面長長的排隊人潮，哇～到底有多少人要進去啊？眼睜睜地看著時間一點一滴流逝，買到票（成人票 16 英鎊、學生票 14.5 英鎊）後，還要繼續排進城堡安檢的隊，心情越來越焦慮，好不容易通過，已經 11 點了，三步併兩步衝到下堡區的亨利八世門前廣場。11:05！幸好幸好，衛兵交接儀式雖然已經開始，但才過沒多久。

不需太努力，便可從人潮縫隙中擠到第一排，鬆了一口氣，終於能安心看交接了。溫莎古堡的衛兵交接儀式，因為有了門票的限制，觀眾不算多，很有機會擠到最前面，若是白金漢宮，除非提早好幾個小時去等，否則根本擠不到前排去呢。

能夠這麼近距離觀看，果然很棒！雖然和台灣中正紀念堂前的儀隊禮兵交接相比，動作沒那麼精準嚴謹，但鮮紅與黑色搭配的制服、毛茸茸的黑色高帽、再加上悅耳的軍樂伴奏，英國的衛兵交接有著獨特的趣味，很英國的感覺，無怪乎每個來到英國的旅人，都想要親眼目睹禁衛軍的交接儀式，沒看，就不像來到英國。

11:30 交接儀式結束後，回到門口，借用免費的中文導覽器。整個參觀過程，導覽器真是我們的好朋友。有了中文解說，參觀起來就不會「只知其然而不知其所以然」

戴著毛茸茸黑色高帽的禁衛軍

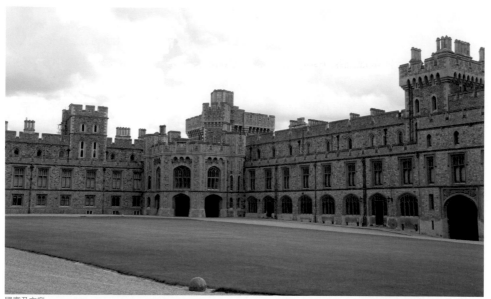
國寓及方庭

囉。透過導覽介紹，對溫莎古堡的每一個區域及其背景故事，有更多的了解。蓋得非常堅固的城堡，最早的功能是防禦敵人，如今看來，卻是一座渾厚美麗、可親而壯觀的古堡。

記得借用免費的中文導覽器喔！

娃娃屋、國寓

　　瑪麗皇后的娃娃屋（Queen Mary's Dolls' House），應該是世界上最大的娃娃屋了。本身就是一個送給喬治五世（George V）的妻子：瑪麗皇后的大生日禮物。模型屋內的擺飾、家具，都非常細膩精緻，每間小房間都按真實家具擺設，且接有水電管線，可開燈、可沖水，讓人讚嘆。為了看這個可愛與科技並稱的娃娃屋，排隊排了半小時，不過很值得。

　　離開娃娃屋，進到國寓內，這裡是城堡的內部，許多珍貴收藏展示，先不說一堆高貴的杯子、盤子，我最喜歡兵器房裡那些別致漂亮的刀劍，細細觀看，可以看到每一把劍上細緻的刻紋，真是珍品啊。國寓內還有許多名畫雕塑等藝術收藏，件件都是珍寶。

　　站在溫莎古堡的外庭，可以清楚看到城堡外觀，也能俯視城堡周圍的城鎮，從高處往下看，氣象萬千。和站崗的禁衛軍拍張照、到女王紀念品限定專賣的禮品店逛逛，我的戰利品是一件皇冠圖案 T-shirt 和一個皇冠鑰匙圈，嘻。

溫莎古堡
地址：63 Saint Leonards Road, Windsor, Bekrshire SL4 3BX
電話：017-5383-1118
網址：http://www.royalcollection.org.uk
交通：由 Waterloo 車站搭乘火車，至 Windsor+Eton RIV 站下車

女王在倫敦郊外的重要居所

站崗中的禁衛軍

舉行授勳儀式的聖喬治禮拜堂

天之驕子～伊頓公學

　　從溫莎古堡出來後，伊頓公學（Eton College）就在不遠處。穿越溫莎小鎮，步行約 10 分鐘，經過橫跨泰晤士河的溫莎伊頓橋（Windor & Eton Bridge），就可到達這個全英國最知名的貴族男校。

　　依照傳統，伊頓公學只收 13 ～ 18 歲的男學生，當代王室中的查爾斯王子、威廉王子和哈利王子都是校友。絕大多數學生畢業後，都是政治界的菁英。歷史上，那位擊退拿破崙的名將威靈頓公爵（Duke of Wellington）就是出身於伊頓，他曾說：「滑鐵盧戰場的勝利，其實是在伊頓公學的操場上培養獲得的。」此番話，更加深了伊頓公學的尊崇地位。

　　伊頓的學生以翩翩的風采和特別的燕尾制服而聞名。所以，到伊頓鎮，一定要來看看這個英國貴族紳士的搖籃。

　　走進伊頓的街道，感覺周圍的空氣都帥氣了起來。每天能進學院參觀的人數是有管制的，而且要先預約。雖然現在是黃昏了，又是暑假，也已過了開放參觀的時間，但還是想來看看這所除了基本學科，還得學習音樂、美術、社交運動（高爾夫、划船等）、餐桌禮儀和各國語文的名校。

　　1440 年，當時年僅 18 歲的亨利六世創立伊頓公學，最早其實是為較貧困的學生所設，但到後來，達官顯要、富商名流等莫不替孩子爭取進入這座國王所創建的學院

溫莎古堡和伊頓公學分別在河的兩岸

就讀，伊頓遂漸漸形成階級表徵的名校。今日校園中庭裡，豎有亨利六世的雕像以茲紀念。

信步街頭，抬頭看看，很多商店的招牌都饒富趣味。街上，有家名為「The Henry VI」的酒吧兼餐廳，招牌上，戴著皇冠、穿著皇袍的年輕亨利六世，舉著冒泡啤酒杯的畫像，非常逗趣。誰說英國人不幽默呢？

雖然無緣看見身穿黑燕尾外套、黑色背心、筆挺白襯衫加上條紋西裝褲的伊頓學生，但，在某家畫廊的櫥窗裡，瞥見一幅以伊頓公學學生捧著書本，漫步在街上的身影所作的水彩畫。那畫面就和想像中的一模一樣，非常學術氣息的英倫風。逛逛伊頓的校舍和建築後，不能免俗地，又走進了我最愛的禮品店。在這伊頓公學專屬的小店裡，買了兩個皮質的伊頓公學校徽鑰匙圈，幻想自己因此而和這高等學府產生了一絲絲的連結，然後心滿意足地踏上歸程。

伊頓公學教堂

伊頓公學
地址：Windsor, Berkshire, SL4 6DW
電話：017-5367-1000
網址：http://www.etoncollege.com/
交通：由 Waterloo 車站搭乘火車，至 Windsor+Eton RIV 站下車

伊頓公學校區內的建築

貴婦城堡～麗池古堡

　　位在倫敦東南方肯特郡，這個英格蘭歷史最悠久（900 多年歷史），曾有 6 位王妃居住過，人稱「貴婦城堡」的麗池古堡（Leeds Castle），靜靜佇立在湖泊中，瀰漫著安詳與舒適的優雅。

　　由維多利亞車站搭火車前往，車行時間約一個小時，在 Bearsted 站下車。抵達後，必須轉搭接駁小巴士（來回共 5 英鎊）才有辦法到城堡，說起來交通不算便利，加上城堡的門票並不便宜（成人票 17.5 英鎊、學生票 15 英鎊）。所以來麗池古堡，算是花費較多的一天。

靜立湖中的城堡

　　進入城堡範圍，最先感受到城堡的大。從門口到城堡，需要十來分鐘。沿途，走在花園、小森林、湖泊、草坪中，心曠神怡。水鳥在一旁嬉戲，羊咩咩在遠處覓食。可以輕鬆散步、也可以隨意休憩。

湖水讓生硬的城堡增添幾分柔和秀氣

超大的迷宮花園

草原上吃草的「棉花球」

　　越過青青大草坪，美麗的城堡就座落在湖中間，儘管天空沒有很藍，雲層也有點多，但映在湖面上的城堡倒影，仍然美麗非凡。或許，正因為這一池湖水，讓生硬的城堡，增添幾分柔和秀氣，也格外引人入勝。越過城堡大門，從另一面欣賞城堡的身影，又有不同層次的美。城堡，在湖水、草地與天空的映襯下，讓人卸下疲憊，徜徉其中，身心都得到放鬆了。

　　從酒窖入內，地下室內部與華麗沾不上邊，是一個很樸素簡單的地窖，給人容易親近、比較像是「家」的感覺。曾居住在這城堡的貴婦們，房間仍保存得很好，透過雍容華貴的布置擺設，一窺當年城堡內的生活。雖然沒有中文導覽解說，但城堡內部是可以照相的。

　　越過城堡另一側，有個整理得很清爽的小小花園，花香宜人。另還有小型鳥園，飼養了許多具有華麗羽毛的鳥類，除了常見的鸚鵡和孔雀，大多數都很罕見。順著步道再往裡走，湖邊有水鳥，另一側草坡上，遠遠望去，一團又一團可愛的「棉花球」正低頭吃著草呢！

迷宮花園

　　盡頭是迷宮花園，由比人還高的樹叢所組合起來的超大迷宮，帶著好玩的心情進入，居然怎麼走都走不出來，正擔心會不會回不了家，遇到兩位救星（工作人員）站在叉路口聊天，連忙跑去求救。他們一派了然於胸地問：「確定不再嘗試了嗎？」才告訴我們如何出去和到迷宮中央的途徑。

迷宮中心，是一個高地，暫且在這歇一下吧，吹吹涼風、踢踢腳，邊看著孩童在迷宮裡嬉戲，邊回味過往的童真。

迷宮出口是一個地下通道，用石頭搭建成陰森森的鬼屋，兩旁很多奇怪的雕飾，搭配昏暗的各色燈光，讓通道看來很詭異，還有恐怖音效，若單獨一個人走，大概會嚇破膽吧！？走出迷宮，一旁有個兒童樂園，孩子在裡面很開心玩著。城堡的設計，體貼到孩子的心情，不愧為一個老少咸宜的休閒好去處。

走到湖的另一邊，大草原上一大群羊兒，在這裡，近距離與羊咩咩接觸。很像卡通「笑笑羊」（Shaun the Sheep）的黑臉羊占大多數，是另一種不同的田園風情。不過要提醒大家，興奮跟羊咩咩合照的同時，也要留意腳下，小心別踩到滿地的羊便便喔！

🇬🇧 Info

麗池古堡
地址：Maidstone, Kent ME17 1PL
電話：016-2276-5400
網址：http://www.leeds-castle.com/
交通：由 Victoria 車站搭乘火車，至 Bearsted 站下車

穿梭園中的列車

麗池古堡外觀

貴婦的房間

滿是書籍的書房

雍容華貴的布置擺設

腳踏東西半球～格林威治

　　時間的起點，本初子午線的開端，東西半球的分界。英國格林威治天文台，這個從小就琅琅上口的傳奇地方，此刻正在眼前。

　　格林威治（Greenwich），位在倫敦東南郊區。從市中心轉搭輕軌列車（DLR）來到這裡，再進入全倫敦最古老的皇家公園：格林威治公園，舊皇家天文台就在遠方的半山腰上。

　　因為對地理的熱愛，我對格林威治一直有著莫名的嚮往。儘管這僅是一個虛擬存在的開端，但能一腳踩在東半球、另一腳踩在西半球，就夠新奇了。

舊皇家天文台

　　格林威治天文台，在 15 世紀初只是一個瞭望塔，用來窺視進入倫敦的船隻。到了

1675 年，查理二世（King Chales II）將瞭望塔改建為天文台，功用在觀測天文、幫助航海家增進航海安全。1948 年，因倫敦的空氣汙染嚴重，能見度不佳，遂將天文台遷移到郊區的蘇塞克斯（Sussex）。遺留在這的天文台便規劃成一座博物館。

舊皇家天文台（Old Royal Observatory）外面大門上，鑲嵌一座刻畫著 24 小時的大鐘，世界各國依此來校對本國時間。天文台裡面最熱門的，當然是畫分地球東西兩半的子午線和子午儀了，長長的一排人龍，大家都等著站在天文台子午線樓前，腳分別踩地球的東、西兩半拍照。

耐著性子排隊，半個多小時後，終於輪到我們囉。只是看到照片裡的畫面，心情不是很美麗。許多不願意排隊的人，就直接在子午儀的側面、後面隨意攀搭拍照了起來，「未淨空」的畫面裡有各色殘缺的手腳，看起來很混亂。唉！不守秩序似乎是不少人類的天性啊。

隔天早上，不死心地再來一次，終於如願和沒有閒雜人等的子午儀拍了好多照片。自助旅行的好處之一，在於可以放縱小小的任性（從 2011 年中開始，進入舊皇家天文台要收費 7 英鎊，聽說要買票之後，人少了很多，場面空曠不少）。

天文台內部展出，部分與天文有關，部分與海洋、航海有關，更大一部分，則是和時間有關。展覽區內，處處可見各式各樣的時鐘，標示世界各地的時間。儘管時間的概念是抽象的，時間的流逝卻是不經意的；人們最重視的是時間，最輕忽的卻也是時間。

國際標準時間

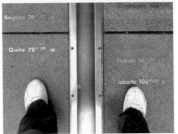

一腳踩在東半球、另一腳踩在西半球

劃分地球東西兩半的子午線和子午儀

除了舉世聞名的天文台外，格林威治也是海軍的大本營。舊皇家海軍學院（Old Royal Naval College）、國立海事博物館（National Maritime Museum），都值得仔細逛逛。不過，發懶的我們，只在外面拍拍照，看看宏偉而對稱的建築，再到泰晤士河畔瀏覽風光。入內參觀的，只有那棟白色的皇后的家：Queen's House。

皇后宅邸

皇后宅邸是一棟義大利風格的英國別墅，呈 H 型雙排分隔式建築。本是詹姆斯一世（King James I）為安妮皇后（Anne）所建造，但因安妮皇后生病而停工。安妮皇后逝世後，詹姆斯一世將房子贈與兒子查理一世（King Charles I），查理一世再將格林威治冊封給妻子瑪麗亞皇后（Henrietta Maria），也因此，皇后宅邸繼續興建，在 1635 年完工。

這棟美麗的白色建築可自由入內參觀，大背包等行李需要留在寄物櫃台，而且館內不能拍照哦。鍛鐵的鬱金香式樓梯是一大特色，足以媲美偶像劇裡的場景，室內各項藝術收藏多屬海軍、皇室、格林威治畫作，非常具有時代性。

皇后宅邸外觀

格林威治市集

星期天的格林威治，熱鬧喧嘩，因為市集（Greenwich Market）。

琳瑯滿目的商品，說它是一個業餘藝術家的戶外展覽場也不為過。超多創意小飾品、家常小點心，讓我們愛不釋手。一位老奶奶賣著用紙做成的小擺飾，很精緻，但價格不斐。另有手工卡片，同樣細膩而昂貴。

除了密集的攤位，市集周圍還有幾家店面。一家名為「Arty Globe」的小店掛著、擺著滿滿各種尺寸的 Q 版畫、磁鐵和卡片等周邊商品，以英國、倫敦、格林威治等地為主角，圓弧形概念的畫，搭配經典地標，頗獨特。大幅的畫攜帶不便，我們買了兩張大明信片回家裱框，而且還和老闆（也就是創作者本人）合照。市集裡的物品，光欣賞也很有收穫，真好玩。

格林威治市集

格林威治舊皇家天文台
地址：Greenwich Park SE19
電話：020-8312-6565
網址：http://www.nmm.ac.uk/
交通：搭乘地鐵轉輕軌列車，在 Maritime Greenwich 站下車

皇后宅邸
地址：Greenwich, London SE10 9NF
電話：020-8312-6565
網址：http://www.nmm.ac.uk/
交通：搭乘地鐵轉輕軌列車，在 Maritime Greenwich 站下車

二手書拍賣

國立海事博物館

田園景致

蜜糖色的村莊～科茲瓦爾斯

　　科茲瓦爾斯（Cotswolds），打從第一眼看到書上的介紹，便深深被那用蜂蜜色萊姆石建造的可愛小屋、綿延不絕的綠色小山丘、被鮮花覆蓋的樸實農家、擁有數百年歷史的小村莊……所建構出來的畫面給打動。一直很期待能來這裡，看看英國最美的鄉間。

　　距倫敦以西約 200 公里的科茲瓦爾斯地區，大眾交通工具並不發達，常常一整天下來只有 5、6 班公車，且周日多是休息的，因此最佳前往的方式是租車，或各旅行社推出的一日團行程。比較之後，我們選擇參加一日團來欣賞這裡的風光。

　　上午 7 點，睡眼惺忪地在飯店門口上車。遊覽車依序到不同的旅館「撿」客人，原以為馬上就會直接出發了，結果，終點是維多利

班佛德街景

路的盡頭是班佛德教區教堂

亞車站，然後再依路線分配不同的車。所以，真正出發前往科茲瓦爾斯時，已經快 9
點了。

　　導遊是英國人，但講了一口流利的日語。全程先以英語解說、再以日語覆誦一遍，
也因要在有限的時間內英日語夾雜解釋（他真的很忙），所以說話速度超快，很像背
演講稿般口若懸河，非常流利。

班佛德

　　最先抵達的城鎮：班佛德（Burford），第一眼印象還真不賴！古老的英式建築，
濃濃的鄉間味道。然而，這個地區實在太多人想
來一親芳澤了，夏日旅遊旺季，往來的觀光客讓
小鎮失去了寧靜；頗有風味的街道兩旁，停滿了
現代化的汽車，有種不協調的感覺。

　　導遊雖然熱心地介紹這裡的歷史，無奈英語
無法快速意會，日語又連五十音都不懂的我們，
全程最熟悉的兩個詞語，莫過於導遊一再誇讚的

一幅不會忘記的風景

蜂蜜色萊姆石建築

「かわいい」（可愛）和「一級棒」，其他的就實在是「鴨子聽雷」，有聽沒有懂了。

天空飄著細雨，撐著傘，拐個彎，路底是一間看似教堂的尖塔建築物，門前有柵欄圍著。後來才知道，它是班佛德教區教堂。路口是熱鬧的，但巷底異常寂靜，看不出屋裡到底有沒有住著人家？再往前，一條小河流過，水面上漂浮著田田的睡蓮葉子，小雨絲絲打在水面上。放眼望去，馬路另一頭有片草地，7、8隻乳牛懶洋洋地在樹底下或是靜臥、或是甩甩尾巴，牠們也在躲雨嗎？

回到主要大街上，紀念品店、園藝店、書局、餐廳等等，外牆垂掛的花兒和裝飾爭奇鬥豔，豐富了蜂蜜色

國家信託的標誌

的原色。很多花木種在橡木啤酒桶裡，古樸又甜美，符合這裡的基調。我在一家名為「Staffordshire Pottery」的陶器店外，發現一幅不會忘記的風景──萊姆石牆上斜倚著

有名的天鵝旅館

一輛鍛鐵腳踏車，車上前後方的置物籃和座位，都各擺上一盆五彩繽紛的鮮豔花兒，小碎石子地，腳踏車旁是排淺黑色的長椅，等待旅人入座。時光，在這彷彿凝結了，周圍來來往往的人也彷彿都放慢動作、停格了……。

短短 30 分鐘停留時間，只能作 window shopping，沒辦法進去任何一家店內好好逛逛。心想：如果有機會再來這裡，我一定要悠閒地踏遍每家店，然後再仔細看看那吸引人的外表裡面，究竟都賣了哪些東西？

拜柏利

第二個城鎮：拜柏利（Bibury），另一種不同的風味，感覺比班佛德更古老、更傳統。天空稍微放晴，終於可以多拍些照片了，但幻想中的沉靜小鄉下，人群依舊來來往往。

午餐在天鵝旅館（Swan Hotel）享用（費用包含在行程內），主餐有兩種選擇，是套餐的型式。我們點了一份烤鱒魚餐和蔬菜燉飯餐。前餐分別是一個硬硬的堅果麵包和芝麻麵包，圓圓胖胖的樣子很可愛，用刀子切開，塗抹奶油食用。和我們同桌（大

拜柏利的鱒魚料理很有名

圓桌）的其他團友，大部分是日本人，除了中年夫妻檔外，好幾個是看起來很像同學或朋友的歐巴桑，大都很健談。

坐在旁邊的一位歐巴桑，用餐空檔親切地問我從哪裡來的，我說：「Taiwan.」她用了解的眼神點點頭：「Oh～」了一聲，接著有些不好意思地問：「導遊說的英文你們都聽得懂嗎？」我很誠實地笑著回答：「A little.」她開心地說：「Me, too.」呵，其實，我的內心在苦笑，因為好羨慕她還有另外一種選擇──日語解說，可以聽得很清楚呢！

主餐「烤鱒魚」上桌了，盤子周圍還有紅蘿蔔、白綠雙色花椰菜、豆子，和幾球蒸馬鈴薯，看起來秀色可餐。灑上萊姆汁的烤鱒魚，肉質嘗起來很不錯。不過「蔬菜燉飯」就非常普通了，和鱒魚餐相比，分量大概只有三分之一，綠綠的菜葉和硬硬泰國米的組合，遜色不少。甜點是色彩鮮豔的一球黃色香草冰淇淋加上紫紅色熱蘋果片，

拜柏利明信片裡的小屋

其實一開始吃不出來是「紅酒蘋果片」，聽到導遊一直在旁說：「另果，另果」，才恍然大悟，原來是蘋果呀！

　　這家被綠色藤蔓植物攀附圍繞、很有感覺的天鵝旅館，來頭可不小呢。建於1650年，歷史悠久的它原本是座莊園，19世紀時整修改裝，現在是擁有18間客房，還附有按摩浴缸的旅館。旅遊書上還特別說明：「在這家旅館可以品嘗到拜柏利著名的鱒魚料理。」這麼說來，拜柏利的鱒魚料理很有名，而我們又嘗到了拜柏利有名的天鵝旅館的鱒魚料理，不禁喜孜孜地自我陶醉起來，原來看似平凡的這餐，還有這麼一段典故啊！

　　走在受國家信託的The Rack Isle步道上，小徑彎彎曲曲，座落著一幢又一幢被鮮豔花兒包圍的低矮小屋，寧靜地、安詳地。門兒也小小的，綠色的、紅色的門扉和我們的身高差不多。童話中的人物應該住在裡面吧？「噓～」不可以太吵喔。「哞～」幸運地近距離看到3隻黑白相間的乳牛，和1隻頭髮捲捲的牛兒。嘿！你們也都吃飽了嗎？

水上波頓一景

水上波頓

　　此趟科茲瓦爾斯行的終點城鎮：水上波頓（Bourton-on-the-Water），溫德蕾西河穿越城鎮中央，因此被暱稱為「英國的小威尼斯」。三個 200 多年歷史的拱門石橋串連起來，呈現出宛如畫作的風景，典型的「小橋，流水，人家。」

　　河畔柳樹迎風搖曳，清澈的河水看來冰涼，誘惑著人們下水嬉戲（水深只到小腿肚）。此行三個小鎮中，這裡人氣最旺，沿岸遊客如織，或是野餐、或是玩水，鎮上洋溢著活潑熱鬧的喧笑聲。

　　心甘情願在一整片萊姆石造小屋和豪宅間迷了路。在這，不需要地圖，也不需要嚮導，處處是童話，處處是風景。來吧！哼個歌兒，跳個舞兒，轉個圈兒，用最浪漫的姿勢漫步在這印象派的畫裡。

　　上車前，經過一大棟鵝黃萊姆石搭配深灰石板屋簷的鄉間豪宅，花團錦簇的屋前，有塊綠草如茵的空地，白髮蒼蒼卻又很有元氣的老公公、老婆婆，並排坐在木頭長椅上，輕聲細語地聊著天，臉上全是安定的神情，好祥和的畫面呀，讓我不禁頻頻回顧。

　　整理照片時，仔細研究了豪宅上的字：「The Dial House」，原來這是一家旅館兼餐廳。嗯，下次也來這住個幾天吧，就這麼決定囉！

🇬🇧
Info
Premium Tours （一日旅遊團行程）
電話：020-7713-1311
網址：http://www.premiumtours.co.uk/

聊著天的老公公、老婆婆

處處詩情畫意

清新的園藝店角落

拜柏利一景

莎翁故鄉～亞芳河畔史特拉福

　　這天最後一站行程是亞芳河畔史特拉福（Startford-upon-Avon）── 莎士比亞（William Shakespeare）的家鄉。

　　莎翁（1564～1616年）是英國最偉大的劇作家，寫下諸多膾炙人口的作品，例如：「羅蜜歐與茱麗葉」、「馬克白」、「哈姆雷特」、「仲夏夜之夢」等等。他誕生於此，也在這裡辭世，小鎮上的建築幾乎都和他有或多或少的關係，有他的母親、妻子、女兒、孫女和孫女婿的居所，還有一大堆以「Shakespeare」命名的商店。鎮上更有個專演莎翁劇本的皇家莎士比亞劇場（Royal Shakespeare Theatre），殘念的是，時間不允許我們在此觀看莎翁名劇。

　　前往莎士比亞出生地的路上，有一個丑角雕像，旁邊刻著莎士比亞在「As You

莎士比亞故居

Like It」劇中的經典名言：「O noble fool. A worthy fool.」（噢，高貴的傻瓜。值得尊敬的傻瓜！）和「The fool doth think he is wise, but the wise man knows himself to be a fool.」（愚者自以為聰明，智者卻有自知之明）。無論喜劇或悲劇，莎翁筆下的「傻瓜」總是瘋言瘋語地說著智慧之語。

　　莎士比亞出生地是一棟都鐸式的老房子，需要買票才能進去參觀（時間充裕的話，不妨購買連屋票券，將所有和莎士比亞相關的房子都進去好好參觀一下）。莎士比亞出生地裡面，最有名的就是莎士比亞出生的房間、父親的皮手套工作室了；屋外，開滿花兒的大大庭院，現場還有穿古裝的演員露天即興演出莎翁的劇碼，似乎很精彩呢！可惜我們只能追隨導遊快步經過，匆匆一瞥貼在窗戶旁那身穿中世紀服裝的女子身影。

Nash's House & New Place

和歲月喝杯下午茶

　　導遊帶著大家直奔「Nash's House & New Place」。這棟古色古香的黑白條紋半木造房子，是莎翁的孫女和第一任丈夫湯瑪斯・納許的家。踩著發出歲月痕跡聲響的木質地板，我們直接上二樓博物館，行程安排在此享用簡單的下午茶。閣樓裡空間不大，只有一長排擺放食物的桌

莎士比亞女兒故居

子。吃東西的時候，再加上幾張椅子。每人有一杯果汁和一個小巧可愛的草莓奶油派餅。老實説，味道嘗起來很普通，但，可以在這具有紀念性質的老屋裡喝下午茶，很有意義！其價值已勝過食物本身的滋味了。

屋外是美麗的庭園，立有一個告示牌，寫著：「這裡是 New Place 的地基，莎士比亞在 1597 年買下這棟房子，住在這裡，直到 1616 年去世。」曾是當時鎮上最華麗的豪宅，但是過多的觀光客，讓 17 世紀時擁有這棟房子的主人一氣之下把房子給毀了。2010 年，為了解這位世界上最偉大的劇作家如何在此度過晚年生活，這個地方被設定為一個重要的里程碑，發起一個「Dig For Shakespeare」（發掘莎士比亞）的活動，旅人們可加入此一發現之旅，得到第一手的資料。只是，還未深入了解這麼一個有趣的活動到底為何？我們就得離開了……。

希望，有天，可用更悠閒愜意的方式，再來重新品嘗英國最美鄉間的味道。

🏴 **亞芳河畔史特拉福**
Info
地址：Bridgefoot, CV37
電話：0870-160-7930
交通：由 Paddington 車站搭乘火車，至 Startford-upon-Avon 站下車

四星級的莎士比亞旅館

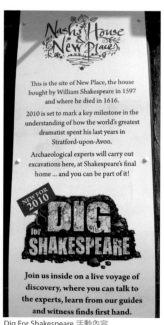
Dig For Shakespeare 活動內容

莎士比亞劇中的丑角雕像

荒原隨想

哈沃斯

　　哈沃斯（Haworth），一個很特別的地方。第一眼看到這個小鎮，就好喜歡。

　　出生於哈沃斯的布朗特（Brontë）三姊妹，在這寫下她們不朽的鉅作。夏綠蒂寫了《簡愛》，愛蜜莉寫了《咆哮山莊》，安則是寫了《愛格尼斯‧格雷》。只可惜才華洋溢的三姊妹，皆是早逝的命運（都只有 30～40 歲）。由於當時的衛生條件惡劣，再加上飲用水受汙染，當地居民的平均壽命甚至只有 26 歲。

　　其實我並沒有完完整整看過《簡愛》和《咆哮山莊》這兩本書，對書中的場景印象亦不深刻，然而在看過李家同教授「荒原之旅」一文後，也對這個荒野中的小鎮，產生了興趣。

哈沃斯街道

一走進哈沃斯的街道，就被這個古樸小鎮所吸引，厚實的石頭路面，兩旁老舊而有味道的建築。沒有倫敦的燈紅酒綠，沒有愛丁堡的雄偉壯闊，卻有著平實與舒適，是個讓人感覺很舒服的小鎮，是遠方遊子殷殷期盼的故鄉，也是漂泊旅者心靈暫歇的避風港。

荒野健行

暫時離開了小鎮，走上李家同教授曾經走過的路，一條起自哈沃斯教區教堂（Haworth Parish Church）後面的蜿蜒步道，也是布朗特姊妹經常散步的路線，這條小徑將帶領我們進入荒原。

8 月的荒原，並非一片死寂，反倒充滿繽紛色彩，粉紫色的石南花一路蔓延，一頭頭可愛的黑臉羊吃著草，看到我們這群不速之客，想要偷偷接近與牠們照相，「咻！」的一聲，飛也似地逃了。草皮，由近而遠，平鋪而去，像是綠色的地毯，而遠方地毯上白白的小圓點，仔細一看，是羊群們在享受陽光與美食，雖然路上不乏「地雷」，但也訴說著荒原並不等於荒涼。

越來越進入荒原，荒原的寬廣無際，就越來越令人震撼，視野隨著地平線望去，

好夢幻的鄉間小屋

哈沃斯路邊即景

荒原彷彿沒有盡頭，與遠方灰茫茫的天，連成一片。碧草如茵的地毯，慢慢消逝，地毯上光鮮亮麗的白點，也逐漸稀少，直至消失。綠、紅、藍，慢慢成為荒野上的三原色，雖然單調，卻也譜出荒原的生命力，從這裡，開始真正進入荒原，那一片鮮無人跡、天然純樸的荒原，自然存在的荒原，彷彿與英格蘭初出現之際一般，歷經歷史的洪流，一直存在，千百年沒有變化，唯一突兀的，或許就只有散步其中的我們吧。

漫步荒原，孤寂的景致，心曠神怡之餘，帶著些許滄桑。一路走來，還算輕鬆，但也有些累了，隨即，出現一條小河，以及河上的一座小石板橋，看來真是個休息的好地方，停下來歇歇腳。赫然發現，原來這裡也是布朗特姊妹的歇腳處，小石板橋連接著河的兩岸，河的上游，有個父親正帶著兒女們，在河中嬉戲呢！

左岸遠處，一簾瀑布傾瀉而下，雖然遠遠看去，瀑布小小的，卻也透露著旺盛的生命力。

路旁的一塊大石頭，如同躺椅般，正適合坐著休息，當年，布朗特姊妹，曾在此安歇、沉思，或許書中某一幕景，正是在這塊大石頭上醞釀出來的。在這，每個角落，似乎都盈滿 Brontë 姊妹的蹤跡，曾經是 Brontë 姊妹舒服的歇憩處，現也是旅人的我，暫時安頓身心之處。

　　再次邁開腳步，繼續前行，荒原也越來越荒涼。遠方，突然望見一幢建築：Top Withens，這裡就是激發愛蜜莉寫下《咆哮山莊》（Wuthering Heights）靈感的地方。當山莊由小變大，地上的影子也不斷變化之際，我終於來到山莊。眼前的山莊，已是殘破不堪的廢墟，但仍不免讓人聯想，到底是誰，為了什麼樣的目的，在這樣的荒原裡建造這樣一座山莊呢？又是為了什麼原因，沒落、殘缺了？看著荒原背景下的蕭瑟山莊，給人一種至深的孤寂與落寞，如同荒原四季的變化與不變，也如同山莊的興起與衰敗，一切終將歸於塵土，萬般皆空。

　　坐著，看著山莊，不自覺想像、思考，謎一般的問題如潮水湧來，無盡的感慨亦如不斷吹撫的風，迎面而來、呼嘯而去。不變的荒原、不變的殘破山莊、不變的老樹。多年後，此地或許仍是荒原、山莊，亙古不變，正如同荒原，除了顏色變化，依舊是一片荒原。

　　告別荒原，回到鎮上，猶如回到凡間。荒原給人的感覺，實在太強烈，讓我印象深刻。回到哈沃斯之際，些許不太適應，儘管哈沃斯的古樸氣質，已經和荒原近似了，亦或者，在離開荒原的那一剎那，我就已經開始想念荒原了。

哈沃斯旅客服務中心

Info

地址：2-4 West Ln.
電話：015-3564-2329
交通：由 King Cross 車站搭乘火車，至 Haworth 站下車

羊群們享受陽光與美食

荒野上的三原色

布朗特姊妹的歇腳處

約克

　　一路往北前去，窗外的風景慢慢變成一大片草原，鄉村景致的優美，讓人忘卻跋涉的疲憊。終於，抵達約克（York），這個英國境內觀光客數僅次於倫敦的城市。

　　進入約克，馬上就看到「約克之眼」：克利佛斯塔（Clifford's Tower），曾經是約克的防禦堡壘，現在則是從高處欣賞約克的景點，心中下了一個決定：今天一定要上這個塔看看約克！

　　進入市區，往教堂方向走，路上經過維京博物館，也經過「肉鋪街」，很有趣的名字，話說 1086 年代，當時街上幾乎全都是肉鋪店，為了預防日照讓肉腐壞掉，屠夫們便把肉放在一樓的窗台上，因而得名。還有最長的名字卻是最短（約 35 公尺）的街道 Whip － Ma － Whop － Gate。大街小巷，全是很有風情的中古世紀街道。

　　很快地，穿越主要道路，來到約克大教堂（York Minster）。約克大教堂，是阿爾卑斯山以北最大的哥德式教堂，13 世紀時動工，

「約克之眼」：克利佛斯塔

花了 250 年的歲月才蓋好。教堂內有許多漂亮的彩繪玻璃，搭配窗戶成為特別的花型、心型雕飾，還有全世界最大，面積比網球場還大的一扇彩繪玻璃，很興奮地要去欣賞這片玻璃，卻發現玻璃一點透光性都沒有，定睛一看，原來玻璃正在維修中，為了掩飾，所以做了一塊跟玻璃一樣大、一樣花紋的布簾掛在那裡，當場傻眼。呵。

教堂裡還有「天使之心」──上面有一顆大大的愛心。北面的「五姊妹窗」（The Five Sisters' Window）是教堂裡歷史最悠久的玻璃窗，用灰和綠兩色幾何拼接法設計，也是英國最大的灰色調單色玻璃呢，這些窗戶讓教堂看起來更有意思了。

約克的外圍環繞著城牆。爬上約克大教堂後面的那一段城牆，走一小段，從這裡看看不同角度的約克大教堂，也體驗當時人們在城牆上進行防禦的感覺。

克利佛斯塔在 18:00 就會關閉，所以只好捨棄逛街，先趕來爬塔。和曾經爬過的許多塔相比，這個塔算是「一塊蛋糕」（a piece of cake），不過或許本身曾經是碉堡的緣故，從高塔往下看，遠處的約克大教堂和近處的街道，都清清楚楚盡收眼底，這就是守護著這座城市的碉堡之眼所看到的景色啊！

約克大教堂外觀

約克旅客服務中心
地址：De Grey Rooms, Exhibition Sq.
電話：019-0462-1756
交通：由 King Cross 車站搭乘火車，至 York 站下車

克利佛斯塔內

天使之心

環繞約克外圍的城牆

英格蘭　最美麗的地方

湖區

　　湖區（Lake District），是指位在英格蘭北方西側，由無數個大湖和小湖所組成的國家公園。境內，湖泊、高山、深谷、丘陵密布，不僅英國人本身喜歡來這裡度假，一年四季，世界各地的遊客更是絡繹不絕。

　　湖區最大的兩小鎮即溫德米爾（Windermere）和波內斯（Bowness）。抵達溫德米爾的下午，拉著行李從車站走到 B&B，一棟美麗的維多利亞式雙併建築，外表由當地特有的石板構成，有個小小的花園，簡直就是童話中的小屋啊。到達時，女主人正在外面整理花草。傍晚時分，暈黃的燈光從窗戶、從門口灑落出來，非常夢幻。

　　出去走走前，想嘗嘗好友 shywen 説的那超好吃的炸

我們在溫德米爾住的民宿（左）

魚薯條。因此請在花圃整理花草的老闆娘推薦。老闆娘站起身，拍拍身上的塵土，很細心地拿地圖畫了路線，推薦鎮上一家「Lamplighter Bar」的 Fish & Chips。菜單上號稱「Our World Famous Fish & Chips」的炸魚薯條，果真是人間極品啊！尤其是炸魚，薄透酥脆的麵衣、入口即化的魚肉，真的是在英國品嘗到最驚豔的美味了。

　　吃完炸魚薯條，漫步湖濱。灰茫茫的天空，讓晚霞變得撲朔朦朧，也讓湖水變得有些蕭瑟，冷冷的晚風吹來，引動著心底的涼意。逐漸散去的人群、水鳥淒厲的鳴音，傍晚的湖畔，給人一種風蕭蕭兮易水寒的感觸，雖然我不是壯士，卻也感受到天地間的那種蒼涼，觸動著些許的愁。

湖區

交通：先搭乘火車至 Oxenholme，再轉車到 Windermere

Lamplighter Bar（The Oakthorpe Hotel 內）
地址：High Street Windermere LA23 1AF
電話：015394-43547
網址：http://www.oakthorpehotel.co.uk/

Lamplighter Bar 外觀

Lamplighter Bar 店內一景

巧遇溫馨的彼得兔公車

滿滿的一大盤炸魚薯條餐

青青草原～丘頂

　　許久不見的陽光，輕輕灑在翠綠的草坡上。湖面在陽光的照耀下，閃閃發光。今天是個讓人忍不住蕩漾微笑的大好天氣。搭上前往丘頂（Hill Top）的船，我們要去拜訪波特小姐的故居。

　　船緩緩行過湖面，和煦的陽光暖暖灑在船板上、身上。平靜的溫德米爾湖（Lake Windermere）上，感受不到一絲顛簸。搭船，在湖區是很方便、也很重要的交通。從Bowness 可以坐船前往湖區的幾個大城鎮，我們選擇搭船到 The Ferry House，然後搭接駁公車到 Hill Top，再原路回來的套票。這是一個包含船和車的黃色路線組合，共10.45 英鎊。另外，還有遊湖區小島路線的藍色路線和到小鎮安布賽德（Ambleside）的紅色路線可供選擇。

波特小姐的家

　　丘頂，碧翠絲·波特小姐（Beatrix Potter）的家。創造出彼得兔（Peter Rabbit）的波特小姐熱愛大自然，為了避免美麗的湖區落入開發業者的手中而遭到破壞，運用

溫德米爾湖碼頭

她賺得的稿費，在這裡買下一片又一片的土地。享年 77 歲的波特小姐在她過世後，將土地和農場等全部資產捐贈給國家信託（民間的自然環境與歷史保護團體，旨在維護及保存國家重要古蹟），將此地規劃為自然保護區。因此，大家至今還能享受到湖區的自然之美。

幾年前看過「波特小姐」（Miss Potter）這部電影，對穿著藍色外套、咖啡色鞋子的彼得兔，和美麗的 Hill Top，印象深刻。波特小姐的花園和菜圃，隱藏著讓孩子從遊戲中學習的設計，例如：畫著動物圖案的石頭，培養孩子的觀察力，寓教於樂。看著小孩在花園裡興奮找尋的身影，就能體會莊園的用心。

馬路旁綿延的山坡上，全是有著蓬鬆毛毛的綿羊，白羊和黑臉羊都像一團又一團的棉花糖，好想跨過柵欄去擁抱牠們喔！在這，我又拼命拍起了羊咩咩，這趟英國行，羊咩咩榮登謀殺最多底片的可愛動物。

波特小姐的故居，需要先買票登記才能進去。房子不大，5 分鐘內只能進去 8 個人。我們到停車場旁的售票亭進行登記時，長得很像電影「波特小姐」女主角芮妮齊薇格（Renee Zellweger）的售票小姐好心提醒我們：「至少還要再等一個半小時才能進場喔。」猶豫了很久，最後決定放棄買票。儘管我們沒有時間的限制，可以慢慢等，但，天氣這麼晴朗，要在這等這麼久，著實有些浪費時間。還是先去別的地方玩玩吧！

Hill Top
電話：015394-362269 轉 5
網址：http://www.nationaltrust.org.uk/
交通：由 Bowness 搭乘渡輪到 The Ferry House，再轉接駁公車到 Hill Top

湖上的帆船

買套票的窗口

寧靜的田園風光

和羊咩咩一起健行

鷺岬（Hawkshead），一個小巧可愛的城鎮。古老的建築內斂而沉默地佇立，和往來的觀光客的鼓動喧嘩，有種極端的協調。

在城鎮裡逛了一圈，把大大小小的商店都逛遍了，當然，也包含目標最顯著的彼得兔專賣店。我的戰利品是一組湖區小鎮的風景畫明信片。

遍尋不著傳說中那被羊群圍繞的步道（又是羊咩咩，哈），提起勇氣向一家書店的店員開口：「請問哪裡有可以看到羊的步道呢？」親切的媽媽店員笑了：「羊在這到處都有喔！」指引我們位在小巷弄裡的步道入口，找到標示著：公共步道（Public Footpath）的健行路線後，懷著尋寶的心情，踏上翠綠草坡。

風頑皮地在耳邊呢喃，空氣中飛舞著綠色的味道。踏著興奮的步伐，漫步林間，找尋傳說中的羊群。越過一座又一座獨特的柵欄，都沒有發現羊群的蹤跡，有點小失望，但，陽光和草坪仍帶給我們手舞足蹈的快樂。

步道盡頭是公路。因不想要原路回去，所以走上公路，預計銜接另一段步道。走呀走，卻迷路了。20 分鐘後，才又看到一條腳踏車步道。顛簸的小石子路走起來當然沒有草坡舒服囉，好不容易，峰迴路轉，終於又看到了步道的標示，隨性走上去，沒想到竟是驚嚇的開始。

羊群出來囉！

可能太少人走了，路跡不明顯，只能抓大方向。有一段還非常近距離、毫無屏障地靠近牛群（不到 10 公尺），懶洋洋在草地上曬著太陽的牛大哥，看到我們似乎也很意外，紛紛站起了身，踩著沉重的步伐，緩緩踱了過來，天呀！這麼貼近牛大哥是從來沒有過的體驗，龐大的體積、泰山壓頂的氣勢，實在怕怕！落荒而逃後，又看到了剛剛的起始點 —— 公路，也只好認命地走原路回去了。

羊咩咩出來了！

走原路，感覺有那麼一點點浪費時間，本想看看不一樣風景的。然而，路上卻發現了驚喜，放眼望去，整片的綠不再只是綠，更有許多圓圓的白點綴其中。羊群出來了！我們很興奮地穿梭羊群中拍照，一直期待如果能看到整片的綿羊、如果能跟羊咩咩非常非常靠近……美夢終於成真。

1 隻羊、2 隻羊……10 隻羊、20 隻羊……50 隻羊……好多好多的羊兒呀，數得我暈頭轉向。青青草地上還有一小團一小團白色羊毛，真是貨真價實的「毛線球」啊！剛剛迷路的害怕心情，頓時煙消雲散。如果沒迷路，或許就遇不到羊群了吧？古人說：「塞翁失馬，焉知非福！」一點也沒錯呢。

再次穿過溫德米爾湖，回到了 Bowness，回到了繁華的世界，街上人群依舊來來往往，碼頭依然喧囂。雖然午後的太陽仍然炙熱，但愉快的心情與湖面吹來的微風，讓人感到舒服。在街上逛著、晃著，感受與昨晚不一樣的街景。

Windermere Lake Cruises（湖區渡輪資訊）
電話：015394-43360
網址：http://www.windermere-lakecruises.co.uk/
交通：夏季首班渡輪啟航時間，於 Bowness 上午 10 點

你，在看我嗎？

平靜的溫德米爾湖

彼得兔專賣店裡的彼得兔

彼得兔的家～波特世界中心

波特世界中心（The World of Beatrix Potter），從外面看，一點都不顯眼，然而走進裡面，卻令人眼睛一亮。

彼得兔與牠的朋友們，每一段故事都栩栩如生展現眼前。在這，很人性化的，可以盡情拍照，在英國算是少數付了門票又可拍照的地方。

先到放映室觀賞一段介紹波特小姐的影片。書中活靈活現的小動物是如何構思出來的呢？原來啊，當年的波特小姐常去探望朋友生病的小孩，為了安慰小朋友，她用插圖配合簡單的慰問語來問候。因為這樣的因緣際遇，她以自己飼養的兔子「彼得」為主角，加上各種小動物的天真、調皮、闖禍和愛冒險的天性，用小朋友的思考模式，進行一連串的故事編纂，最後成就了世界知名繪本《彼得兔》系列。

一起掉入彼得兔的童話世界裡吧！啃著胡蘿蔔的彼得兔，是個可愛的小淘氣，家裡除了媽媽，還有三個姊姊（Flopsy、Mopsy、Cotton-tail）。至於爸爸，很遺憾地，在農夫麥先生（Mr. McGregor）的農田裡發生意外，被麥先生夫婦做成餡餅吃掉了。還有還有，堂哥班傑明（Benjamin Bunny）和姊姊 Flopsy 生的一窩小白兔，加上狐狸、青蛙、小豬、松鼠、鴨子、貓咪等伙伴們，組成一連串有趣的冒險故事。

波特世界中心外面有個小小菜園，好多花兒和蔬菜，籬笆外的竹竿上晾著一件彼得兔的藍外套，菜園中央有彼得兔和小朋友們的雕像，彼得兔昂首啃著牠最愛的胡蘿蔔。天空好藍，白雲朵朵，和窗檯上盛開的紅花，一起映照在窗戶上。離開前，和出

彼得兔的三個姊姊！

媽媽和彼得兔

口處戴著優雅帽子的波特小姐照張相，揮揮手說
聲再見，感謝她帶給我們一段奇幻的旅程。

湖畔落日

　　來到湖邊，找個角落坐下，大口享受從超市
買來的「滿漢全席」──雞肉番茄三明治、切片水
果盒、燻雞義大利麵、即食蝦仁和野莓果汁。愜
意的晚餐，在湖光山色的調味下，更顯美味。傍
晚的太陽，不再炎熱，反而有種暖和的舒服。湖
區真是一個自在又慵懶的世界啊。

啃著胡蘿蔔的彼得兔

　　走上另一條湖濱小徑，湖水近在咫尺。夕陽
越來越接近山頭，也越來越紅潤。在這彷若電影
場景的小碼頭，沒有多餘的喧囂，沒有來來往往的觀光客，只有幾隻水鳥在湖面嬉戲
著。

　　天空，從湛藍慢慢變橘紅，吹撫而來的風，慢慢沁涼。待夕陽完全躲到山頭後面，
天空也由橘紅轉而淺藍、深藍、至灰黑。我在湖濱碼頭，看到這最美的落日，永存於心。

波特世界中心
地址：Bowness-on- Windermere, Cumbria LA23 3BX
電話：015394-88444
網址：http://www.hop-skip-jump-com

走在湖濱小徑上

波特世界中心

Chapter 3

# 蘇格蘭
>>> Scotland

熱鬧喧騰的藝術節，

柔和了愛丁堡城堡的剛毅；

雲霧飄渺的尼斯湖，Nessie 仍是未解之謎；

亙古不變的蒼穹島，遺世而獨立；

蘇格蘭風笛渾厚悠揚的樂音，

迴盪在蒼茫壯闊的北方高地～

高原氣息

風笛的故鄉～愛丁堡

　　啟程前往愛丁堡，感受蘇格蘭高原的獨特氣息。

　　來到王十字車站，雖然 9 又 3/4 月台通往魔法世界的班車沒有開啟，但，列車仍將我們帶往另一個不同的世界 —— 蘇格蘭。

　　抵達愛丁堡（Edinburgh）時，阿姨已經在火車站等候。人生地不熟的異鄉，見到久違的親人，特別感動。因為行李太重了，體貼的阿姨大方地招待我們坐上夢想中的黑色計程車，好興奮喔！

　　小阿姨現正和德國籍的姨丈住在愛丁堡，所以來到這，住宿的首選當然就是阿姨家了。新、舊市區交界附近有條 Middle Meadow Walk，走到底，好幾棟雄偉的灰石子建築緊鄰公園，外表是有著 100 多年歷史的皇家診療所，現在內部則改裝成現代化的公寓，四周被如

前身是皇家診療所

阿姨家窗戶內往外望

很有城堡的架勢

茵的綠地環繞著，落地窗外一望無際的公園，景致非常優雅。

　　住在阿姨家的那 3 天，感覺就像住在豪華 B&B 裡，阿姨每天早上準備好豐盛的麵包、水果、現打果汁當早餐，還有溫熱的水煮蛋呢。姨丈是旅途上的最佳軍師，遇到難題時，他總熱心地上網找尋資料，並細心列印下來，讓我們路上帶著參考，超感謝他的。

　　能夠在一房難求的 8 月愛丁堡國際藝術節期間，到交通便捷的阿姨家作客，實在太幸福了。屋外，是喧騰無止境的城市慶典；屋內，則是寧靜溫馨的一方世外桃源。

愛丁堡旅客服務中心
地址：3 Princes Street
電話：0845-225-5621
交通：由 King Cross 車站搭乘火車，至 Edinburgh 站下車

哈利波特的誕生地～大象咖啡屋

　　一早醒來，空氣中瀰漫著涼爽的高原氣息，迫不及待跳下床，到窗戶旁邊拉開窗簾，兩三方透明的朝陽射進了房間。是個好天氣呢，真開心！

　　披上外套，趁整個城市還未完全甦醒過來，在觀光客和遊覽車還未大量湧進的清晨時分，到愛丁堡的街頭晃晃吧！

　　忠犬 Bobby 依然忠心耿耿地佇立在街心轉角，一旁以 Bobby 命名的 Greyfriars Bobby's Bar 還沒開門營業，有著與昨晚截然不同的氛圍，不再人滿為患、不再人聲鼎沸，只有 Bobby 在晨光中悠悠凝望遠方。

　　再往前走，大象咖啡屋（The Elephant House）就在前方，紅色的外觀非常醒目，尤其，落地窗上的幾個字，更是讓行經的路人無法忽略：「Birthplace of Harry Potter」（哈利波特的誕生地）。哇～原來這間咖啡屋就是 J.K Rowling（J.K 羅琳）魔法世界的起源地呀！

哈利波特的誕生地：大象咖啡屋

我細細地讀著窗畔貼的簡介，發現 The Elephant House 應該是家很平易近人的咖啡屋。有著面向城堡和公園的大片玻璃窗，在這，可以悠哉地和朋友聊天、可以閒適地閱讀一本書、更可以只是單純地讓自己完全放鬆於一杯咖啡或一杯茶的時光裡。J.K 羅琳就是在那個靠窗的木桌前，完成風行全世界的《哈利波特》第一集和第二集呢。

象屋招牌

翻了一下旅遊書上的介紹：大象咖啡屋的老闆 Steven 愛象成痴，店內放了超過 700 隻的大象收藏品，他把每個客人都當成來家裡拜訪的朋友，並不會功利地希望客人早點離開以增加換桌率，反而盡力提供一個舒適、且適於孕育文思的環境，給每個或是慕名而來的讀者，或是喜好文學創作的作者。

我踮起了腳尖，向朦朧的咖啡屋內探去。有那麼一瞬間，我彷彿看見了 J.K 羅琳、看見了伊恩・藍欽（Ian Rankin，蘇格蘭犯罪小說之王）、看見了無數個初出茅廬的作家新銳們，在裡面邊啜飲著咖啡、邊埋頭苦思、搖筆創作的身影……。

The Elephant House
地址：32 Marshall Street, Edinburgh
電話：0131-668-4404
網址：http://www.elephanthouse.biz

Bobby's Bar

氣勢磅礴～愛丁堡軍樂節

　　「愛丁堡軍樂節」的全名是 The Royal Edinburgh Military Tattoo，每年 8 月份隆重展開，為期約 3 周。邀請各國的儀隊或軍樂隊，在愛丁堡城堡前廣場表演。演出時間都是晚上，某些場次在表演結束後會有煙火秀，也有的場次會註明「TV recording」，電視台會到場攝影並播出。2007 年，北一女樂儀隊曾登上軍樂節的表演舞台，以新穎的隊形、曼妙的舞姿和明快的節奏，征服全場觀眾的心，至今仍是一段不曾被淡忘的風光往事。

　　因為沒有事先買票，臨時起意想看軍樂節的表演，只能買黃牛票了。說起來，還真是有眼不識泰山，因為就算「牛販」近在眼前，我們也不能確定誰才是。遇到第一隻牛販，開出來的價格不至於太誇張，21 鎊的票賣 30 鎊，只是我們有 6 個人，這隻牛販沒那麼多票。接著，又有一業餘牛販來兜售，他很會介紹，把晚上的表演說得出神入化，讓本來已經想放棄的我們再次心動，不過，14 鎊的票居然要賣 25 鎊，比職業級的更狠！

　　最後，其實已經不抱太大期望了，只能等開演前牛販願不願意降價而已。買晚餐的時候，突然跑來一個人，問我要不要買票？趕緊與他交涉，最後成功的以 25 鎊的代

價，買到 21 鎊的票，一次 5 張。連忙跑去告訴其他同伴，再找一牛販殺一張票，也是同樣的代價。終於，期待的軍樂節表演有著落了。

整個表演場上，座無虛席。今晚天氣很好，月亮很大、星星也不少，雖然有些冷，卻是很棒的看表演的天氣。城堡牆上，打上各色光彩，準備大秀一場；城堡裡面，傳出陣陣樂音，正緊鑼密鼓地做準備。

一陣風笛聲，正式揭開軍樂節序幕。蘇格蘭風笛大隊，獨特的風笛演奏出蘇格蘭最著名的樂曲，身穿傳統服飾的蘇格蘭戰士們，以整齊劃一的步伐震撼出場。蘇格蘭畢竟是地主隊，一出場就是百餘人的大隊伍，氣勢磅礡。之後各個國家的演出，也都很有看頭。有來自非洲的隊伍，也有看不出到底是哪一國的演出。印象最深刻的，是瑞士隊的鼓隊演奏，光靠鼓聲，就可以打動人心，真棒！

另一個有特色的隊伍，是中國。只不過，中國傳統的踩高蹺、嗩吶，跟軍樂節的關係實在有些令人費疑猜。最後一個上場的，是英國皇家空軍的樂儀隊演出，也算是地主隊的皇家空軍，以龐大的隊伍及氣勢，為今晚的壓軸節目帶來高潮。

尾聲，所有演出隊伍一起上場演奏，為軍樂節的表演畫下完美的句點。節目在 22:30 結束，隨著人潮慢慢往外移動，儘管天氣越來越冷，但心中仍澎湃不已。

愛丁堡軍樂節
購票網址：http://www.edintattoo.co.uk/tickets

英國皇家空軍樂儀隊演出

尾聲，所有演出隊伍一起上場

熱鬧非凡～愛丁堡藝穗節

　　愛丁堡城堡（Edinburgh Castle）的正門口，就是著名的皇家哩大道（Royal Mile），也是愛丁堡舊城區最熱鬧的一條街道。

　　8月的愛丁堡，大道上滿是擁擠的人群。街頭藝人們賣力表演、展現其藝術天分，圍觀的群眾中則不時傳出笑聲與掌聲，讓古老的皇家哩大道展現無與倫比的生命力，這是愛丁堡一年之中最熱鬧的一個月。雖然也很想看看阿姨口中那冰天雪地、杳無人煙的愛丁堡，但置身其中，感受遊人和城市融合散發出來的熱情與歡樂，是一種奢華的幸福。

　　將街頭巷尾的愛丁堡妝點得如此有活力的兩大功臣：愛丁堡國際藝術（Edinburgh International Festival）和愛丁堡藝穗節（Edinburgh Fringe Festival），兩者時間幾乎是重疊的，但通常藝穗節會比較早（8月下旬左右）結束。國際藝術節的表演場地，以音樂廳、劇院為主，表演的團體也比較有名氣、等級較高。「Fringe」常用的意思是「穗」、「邊緣、外圍」，因此名稱翻譯為「藝穗節」，表演的空間自由多了，可能是街頭、酒吧、餐廳，也可能是教堂、書店等等，隨地可以表演。

　　不管是大眾化的藝穗節，或是殿堂化的藝術節，整個城市就是一個大舞台，也許今日不經意匆匆一瞥的表演者，明日將一躍而上成為閃亮的那顆星呢！選幾個您有興趣的活動，一同加入這場大型嘉年華會吧！

愛丁堡國際藝術節
網址：http://www.eif.co.uk/

愛丁堡藝穗節
網址：http://www.edfringe.com/

愛丁堡國際藝術節

整個城市就是一個大舞台

藝穗節表演買票去！

西王子街花園巡禮

　　往西王子街花園（W.Princes Street Gardens）方向走去，途中，遇到下雨，蘇格蘭國家畫廊（National Gallery of Scotland）成了最佳的避雨場所。在這，不但可以欣賞名畫、有椅子能歇息，更提供了洗手間免費使用，真是個面面俱到的好所在呀。

　　位在新舊市區交界的小山丘上，有著神殿般外表的蘇格蘭國家畫廊，顧名思義，其中的蘇格蘭繪畫收藏為世界之冠。從文藝復興時期到印象派，例如：拉斐爾（Raffaello Santi）、提香（Tiziano Vecellio）、林布蘭（Rembrandt van Rijn）、莫內（Claude Monet）、梵谷（Vincent Willem van Gogh）等各大師的作品，盡在其中。平時免費入內參觀，除非有特展，才需收費。

　　雨後的西王子街花園，充滿翠綠。從花園的角度，抬頭仰望愛丁堡城堡，儘管看到的是背側面，卻仍可感覺到城堡的地勢險峻。建築在山丘上的城堡，從這一個方向是完全沒辦法爬上去的，高高在上，只能以「仰之彌高、望之彌堅」來形容。花園裡的金色噴泉，成了入鏡最好的裝飾品，儘管城堡的側面不如正面漂亮，但壯觀卻是有

蘇格蘭國家畫廊外觀

從西王子街花園仰望愛丁堡城堡

過之而無不及。

　　沿著路走，心想：「可否繞城堡一周，看看不同角度的城堡呢？」城堡另一側，一條沿著山壁開鑿的小路依稀可以走，儘管路口放著「此路不通」的告示牌，還是被我不小心地忽略了。

　　走上去，一直快要到大馬路的時候，發現路被封起來了，雖然欄杆不是很高，可以跨過去，但要在眾目睽睽（是說也沒幾個人啦）之下，做出這種「有損國格」的事情，還是算了……乖乖走回原路。如果在英國看到「此路不通」的牌子，千萬不要懷疑，路一定不能走啊！

　　回到正路，再走一小段，接著攀上停車場，又是另一個不同角度的城堡呈現眼前。順著路走，終於回到城堡的正門口。很幸運地得到一個結論：城堡周圍的確是可以繞行一圈的，而且能看到 360 度的城堡喔。

info

蘇格蘭國家畫廊
地址：The Mound, Edinburgh, EH2 2EL
電話：0131-624-6200
網址：http://www.nationalgalleries.org

愛丁堡城堡
地址：Castle Hill, Edinburgh
電話：0131-225-9846
網址：http://www.edinburghcastle.biz/

回憶童年～玩具博物館

　　皇家哩大道（Royal Mile）上，玩具博物館（Museum of Childhood）金色的鍛鐵招牌人形圖案很有童心，讓我沒來由地聯想起德國羅騰堡的街道。這是個免費參觀且可以拍照的博物館，裡面收藏了許多來自世界各國的玩具。

　　大大黑白海報上，捲髮的 baby 超可愛，是個名副其實的「洋娃娃」。古老的玩具讓人感到新奇；有些玩具，喚起了童年回憶，彷彿多年前自己拿在手中的那個玩具般，備感熟悉；也有些玩具，來自遙遠的時光，是父母或祖父母年代人們手中把玩的。

　　欣賞一件件帶著歲月痕跡的展示品，突然發現，時空的間隔不再那麼遙不可及，中西文化的差異也不如想像中巨大。不論古今中外，我們都曾經歷童年，我們都玩過類似遊戲，人與人之間，許許多多的相似，存在著。

玩具博物館招牌

玩具博物館
地址：42 High Street, Edinburgh
電話：0131-529-4142
網址：http://www.hotels-edinburgh-scotland-hotels.com/museum-of-childhood/

玩具博物館外觀

玩具博物館內一角落

捲髮 baby 超可愛

房子模型

100 英呎高的空中饗宴～輕食午餐

　　100 英呎高的空中饗宴，前所未有的新奇體驗，也是阿姨送給我們的見面禮物——要價 32.5 鎊（1 人份）的輕食午餐。

　　為期一個月，屬於夏日慶典之一的「Festival In The Sky」活動，由 The Cook School 主辦，宣傳看板立牌上寫著：「和蘇格蘭大廚們一起下廚。」（Cook with Scotland's top chefs.）如果喜歡他們的餐點，可以報名所屬的烹飪學校喔！

　　至休息帳棚內報到後，先簽下保險同意書，笑容可掬的接待小姐發給每人一張登機證（Boarding Pass），等待的同時，先喝杯香檳吧！外場，工作人員正巡視檢查著桌椅，操作大型吊車的大叔，大大的笑容，一臉信心十足的模樣。時間一到，空中餐車就要起飛囉！

　　繫緊安全帶，餐桌慢慢升到 100 英呎的半空中。兩位服務人員隨行，負責介紹四周景觀、和客人聊天。用餐時間約莫半小時，非常「幸運」的是，遠颺的寒風夾雜細雨，增添了刺激感的特效。身處西王子街花園的上空，瞬間和愛丁堡城堡拉近了距離。

　　先喝口香檳壓壓神，再掀開銀色餐盤蓋，乾乳酪、鮭魚、蘇打餅、火腿、番茄生

準備中的空中餐桌

菜等組合成輕食餐，嘗一口，噢！冷冷的天冷冷的食物……突然好想念前天在玫瑰街
（Rose Street）MUSSEL INN 餐廳享用的、那冒著熱氣的大鍋淡菜（孔雀蛤）和鬆軟香
甜的炸薯條啊，哈哈。

　　往地面瞧去，抬頭觀望的路人中，有個一臉狐疑的老爹。嘻！一齊用力向他揮揮
手，說聲：「Hello！」旁邊的旋轉木馬也歡樂地轉呀轉，在這熱鬧的藝術季。

MUSSEL INN（超好吃的淡菜餐廳）
地址：61-65 Rose Street Edinburgh EH2 2NH
電話：0131-225-5979

瞬間和愛丁堡城堡更拉近了距離

100 英呎高的空中餐桌

一旁的旋轉木馬歡樂地轉呀轉

俯視愛丁堡～史考特紀念塔

史考特紀念塔（The Scott Monument），高 61.1 公尺，為紀念蘇格蘭文學家史考特爵士（Sir Walter Scott）所豎立，1844 年完工。

沃爾特 · 史考特 1771 年出生於愛丁堡，創作大量的歷史小說，開啟歐洲歷史小說先河，故有「近代歷史小説鼻祖」之美譽。作品中最擅長描述蘇格蘭傳統生活，將蘇格蘭的迷人風情介紹到世界各地。亨利 · 托瑪斯（Henry, Lord Cockburn）曾這麼讚美史考特：「蘇格蘭從沒對一個人如此感激過。」（Scotland never owed so much to one man.）

踩著一片片宛若三角蛋糕片的階梯迴旋往上，只要集滿 287 片，就可到達史考特紀念塔的頂端啦，所需費用為 3 英鎊，不貴，只需要一點點的體力（沒有電梯），便能在市中心一覽愛丁堡風光，非常推薦給大家。

愛丁堡城堡全景

探險去囉！塔共分為 4 層，每完成一階段，就可以到外面喘口氣，外加賞景拍照。越往上，樓層面積越小，階梯也越狹窄，通往最上層的樓梯，只能單人通過，無法「會車」。

在第二層休息過後，一路來到第四層，地面的人、車越來越小，城堡也越來越接近。到達頂端，風非常大，俯瞰 360 度的愛丁堡，涼涼的風撫平了跋涉的燥熱，隨著髮絲飄逸的，是飛揚的心情。眼前，高過水平視線的，只剩下愛丁堡城堡前的大教堂鐘樓，以及亞瑟王座而已。整個愛丁堡的街道、建築，遼闊無止境。

2009 年來時，下午時分上史考特紀念塔，因為逆光，拍出來的照片，城堡都暗濛濛的，幾乎是黑色呢，有些可惜了。隔年（2010 年），

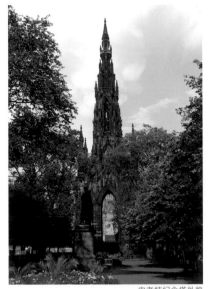
史考特紀念塔外貌

史考特紀念塔
地址：Princes Street Gardens
電話：0131-529-4068

當我們再度來到愛丁堡時，彌補了這個小小的遺憾，利用早晨再來爬一次塔、拍城堡，在燦爛的晨光中，終於拍到明亮的愛丁堡城堡全景了。

古典的街燈和史考特紀念塔

常被誤以為是政府機構的 Balmoral Hotel

北方的雅典～卡爾頓丘

卡爾頓丘（Calton Hill），不到 200 公尺的小山，座落新城區東側一隅。

山丘頂端，有一座希臘神殿式的建築，愛丁堡因它而被稱為「北方的雅典」。但，當地人似乎不這麼以為，將它視為「愛丁堡的恥辱」（Edinburgh's Disgrace）。原來，這座建築本是為了紀念在拿破崙戰爭中陣亡的蘇格蘭士兵而建，後來因經費不足，從 1829 年被迫停建直到現在。

望著這座只擁有巨大石柱的未完成紀念碑，我溯著歷史的洪流，回到那個蘇格蘭高原戰士奔馳的年代，略帶滄桑的狂風，彷若軍隊的號角聲在耳邊轟轟烈烈響起，也許壯志未酬，也許孤寂落寞，但仍是粗獷堅毅的氣概。

戴著圓圓藍帽的天文台（City Observatory）旁，站著瘦高的尼爾森紀念塔（Nelson's Monument），再過去，還有一座杜格爾德·斯圖爾特紀念碑（Dugald Stewart Monument）。遊目逞懷，城市街道、愛丁堡古堡、史考特塔、荷里路德宮、亞瑟王座，全歷歷在眼前，連遠方的海港、著名的福斯鐵橋（Forth Rail Bridge）也依稀可見。

卡爾頓丘

地址：王子街（Princes St.）東邊，往攝政路（Regent Road）旁的入口

卡爾頓丘上遠眺

北方的雅典

遠方的海港、福斯鐵橋也依稀可見

杜格爾德‧斯圖爾特紀念碑

思古幽情～亞瑟王座

　　走在山徑上，眼前一片綠油油。城市的影子就在前方。路不會很陡，邊走、邊拍照、邊休息，倒也還輕鬆。只有到達頂端之前一小段，稍微難走一點。

　　終於來到山頂，眼睛為之一亮。站在這裡，可以清楚看到愛丁堡新城區的街道，而古城區的屋舍也在不遠處。更遠一點，是屹立不搖的愛丁堡城堡佇立山頭；高聳醒目的史考特紀念塔，讓人不得不注意它的存在。視野移向愛丁堡城堡左側，荷里路德宮非常大器地座落在山腳下；往右方看過去，遠方的海灣，無時無刻訴說著愛丁堡與海洋的關係。

　　綠色的草原包圍著城市，為愛丁堡添加一抹色彩。密密麻麻的街道，規劃整齊的建築，展現愛丁堡的繁榮。在亞瑟王座（Arthur's Seat）之上，俯瞰城市，更有一番感覺！

　　在山頂待了快半個小時，風很大、很冷。原本沒有預期要走這麼久（書上說 20 幾分鐘，其實要 1 個多小時），本想走完再去吃飯的，結果越來越餓，只好慢慢走下山。

　　途中，發現一彎綠色的水塘，水塘邊有座城堡遺跡，於是繞上去看看。殘破的城堡，如今僅剩下一面牆供人憑弔，我從城垛的窗口向外望，只見白雲千載空悠悠……。

亞瑟王座

地址：Holyrood Park 內（The Palace of Holyroodhouse 旁）

回首來時路

從城垛的窗口向外望

途中發現一彎綠色水塘

城堡遺跡

遠方海灣訴說著愛丁堡與海洋的關係

意外的旅程～港區

　　回到平地，思索著要往哪裡去？最後，跳上公車，離開市區，往海的方向前去。

　　因為對愛丁堡的公車路線不熟，所以花了些時間坐錯車，外加迷路。來到 Leith，聽說這裡有段很漂亮的步道，可惜沒有事先做功課，沒能找到在哪裡，只好返回。公車上遇到一個很熱心的當地人，告訴我一些關於海的訊息。好想去看看海，再跳上另一條線的公車，終於來到海邊，這裡的地名應該是 Western Harbour。

　　遠方，福斯鐵橋（Forth Rail Bridge）映入眼簾。近處，一群孩子，在燈塔旁釣魚、游泳，好不快活。聽著潮水的拍打聲，看著海面波光粼粼，孩子的嬉鬧聲隨風傳到耳邊。我悠閒地坐在海邊，享受陽光下的午餐和意料外的風景。

　　順著海堤走，本以為可以走到大不列顛皇家郵輪（The Royal Yacht Britannia）所在的碼頭，但再一次被地圖給騙了，根本走不過去啦，只好繼續等車了。皇家郵輪入口處在 Ocean Terminal（是一棟 shopping mall）的二樓，進去參觀是需要門票的，本來就沒有什麼想法，所以只在外面拍拍照。

Western Harbour

回來後，看了一下大不列顛皇家郵輪的介紹，發現它大有來頭！自 1953 年起，共
服務了皇室和國家 44 年，載著女王航行訪問世界各地。郵輪上客廳、國宴廳、起居室、
書房、小教堂、手術室、洗衣房等等，各項設施非常齊全。最後一趟任務是 1997 年，
載著香港最後一任港督和他的妻女離任告別香
港，此後正式退役，停泊在愛丁堡的 Leith 港口，
化身為旅遊景點。

藍天白雲下的港口景致，是一種「山中無
甲子」的美好，彷彿有股無形的魔力，我不由
得沉醉了，待回神過來，進到大樓裡逛逛，內
部非常熱鬧的 Ocean Terminal 讓我有些訝異（沒
想到會這麼多人）。稍微逛一下後，便搭車回
愛丁堡市區，也結束了下午的公車迷航記。

聳立的燈塔

大不列顛皇家郵輪
地址：Ocean Terminal, Leith, Edinburgh EH6 6JJ Scotland
電話：0131-555-5566
網址：http://www.royalyachtbritannia.co.uk/

福斯鐵橋映入眼簾

女王的夏宮～荷里路德宮

　　巴洛克式建築的荷里路德宮（The Palace of Holyroodhouse）〔音譯〕，也有人稱它為「聖十字宮」（意譯），前身是 1128 年建造的荷里路德修道院（Holyrood Abbey），現仍有部分遺跡存在，有興趣的大家可以參加導覽團（Holyrood Abbey Tour）聽取專人導遊解說（每年的 8/1 ～ 10/31）。荷里路德宮是英國女王每年夏天（主要在 7 月）來到蘇格蘭時的住所，皇室來此期間城堡是關閉的，平時則開放給大家參觀。

　　渾厚質樸的外觀，內在不失富麗堂皇，女王在此接見貴賓或舉行儀式。荷里路德宮見證了悠悠蘇格蘭歷史的發展，最有名的一段應屬蘇格蘭瑪麗女王（Queen Mary）的事蹟了。出生後 6 天就登基的瑪麗，擁有 3 段婚姻，還曾遠嫁法國王室，一生顛沛流離。最驚悚的是，第 3 任丈夫（也是表哥）因妒忌瑪麗與情夫過從甚密，因此在瑪

俯視荷里路德宮

荷里路德宮前方是 The Queen's Gallery

麗的房間將情夫多刀刺死，據說至今仍可在房間的某個角落看見殘存的血跡。最後，因叛變失掉王位的瑪麗逃往英格蘭，被控圖謀英格蘭王位，遭表姊伊莉莎白女王一世（Elizabeth I）囚禁 19 年後，送上斷頭台，結束了坎坷的一生。

傍晚時分的蘇格蘭，勁風飛揚，那一頁頁斑駁血腥的歷史，也早已隨風而逝。我扣上了風衣外套的釦子，拉高了毛毛的大翻領。在手中晃動的，是剛剛在荷里路德宮禮品店購買的皇冠鑰匙圈，金光閃閃的它，在蒼茫天色下，散發微弱光芒。

荷里路德宮外觀

荷里路德宮

地址：Palace of Holyroodhouse, Canongate, The Royal Mile, EH8 8DX
電話：0131-556-1096
網址：http://www.royal.gov.uk/TheRoyalResidences/ThePalaceofHolyroodhouse/

消失的神探～柯南道爾酒吧

　　陰霾的天空，預告著接下來的天氣，似乎將不會是豔陽高照。跳上公車，目標：柯南道爾爵士雕像（Sir Arthur Conan Doyle Monument）所在地。

　　2009 年來英國時就打算尋找「他」，可惜未能成行。2010 年再來愛丁堡，心中盤算著：無論如何也要找到我心中的偶像啦。

　　抵達 Picardy Place，斗大的雨滴從天而降，雨來得很急，差點成為落湯雞之前，暫時躲進旁邊的 John Lewis 百貨公司。雨勢漸緩，走出 John Lewis，在周圍繞了好幾圈，始終找不著柯南道爾爵士雕像的蹤跡。附近賣熱狗漢堡的小攤子，年輕女孩在工作空檔，停下手邊工作，望向遠方，她搖了搖頭說：「很多人問過同樣的問題，但我也真的不知道他在哪……」在一無所獲的情況下，已接近和阿姨約好吃飯的時間，只好暫時回到市區。

柯南道爾酒吧

　　午餐過後，不放棄的我們再次回到圓環、再次尋找，結果，又開始下雨了……真是好事多磨呀！只得再次躲進 John Lewis（也因此，對 John Lewis 百貨公司產生了感激的好感，呵）。

神探不見了！

　　雨停後，手拿地圖，仍是丈二金剛摸不著頭緒，帶著怯怯的心情，鼓起勇氣向路過的一位歐吉桑（不知是收費員還是保全人員）詢問，他親切地帶領我們到街心，一個有綠地、有大樹的小公園，指著角落空地，攤了攤手：「He is gone.」傻眼的我們楞在原地，「什麼！？他竟然不見了！！」

　　歐吉桑看著我們驚訝又難掩失望的神情，熱心地手指斜前方一家酒吧，訴説著：「那就是當年柯南道爾的家，現在改建為酒吧（The Conan Doyle）留作紀念喔！」1859 年出生於愛丁堡的柯南道爾爵士，是愛丁堡大學（University of Edinburgh）醫學院最富名氣的校友。據說，原本在這的雕像，就是在 1991 年由愛丁堡皇家外科學會主席 GeoffreyD. Chisholm 揭幕的。不過，位於倫敦南方的 Crowbroughg 卻是他的久居之

John Lewis 百貨

酒吧內擺設

地，他在那住了 20 幾年，1930 年過世後也是葬在那裡。在 Crowbroughg 有尊同樣以「柯南道爾爵士」命名的紀念碑，碑上是貨真價實的他的雕像。而，愛丁堡這尊紀念碑，碑上的雕像則是他一手創造出來的不朽人物——福爾摩斯。

來，喝一杯吧！

坐下，點了杯啤酒和蘋果汁，乾杯！

原木色系裝潢的空間裡，舉目所見，盡是福爾摩斯的影子。吧台的設計布置與倫敦「福爾摩斯酒吧」有似曾相識之感。盡情將眼前一景一物獵入鏡頭。雖然見不著爵士雕像，但在這間以 Conan Doyle 為名的酒吧裡，找到了一絲絲的安慰。

不遠桌，幾個蘇格蘭大媽飲酒閒談，依打扮穿著看來是當地人，大媽起身走了過來，友善地主動詢問幫我們拍合照，並熱情地按下快門。對她們來說，遇到福爾摩斯小粉絲，已經是尋常日子裡司空見慣的一景了吧。

酒吧一隅

柯南道爾酒吧

營業時間：周一～四 12:00 ～ 22:00、周五～六 12:00 ～ 21:00、
　　　　　周日 12:30 ～ 20:00
地址：71-73 York Place Edinburgh EH1 3JD
電話：0131 524 0031

酒吧內擺設

柯南道爾酒吧吧台

達文西密碼～羅斯琳教堂

　　厚重的雲層下，出發前往古老的玫瑰線：羅斯琳教堂（Rosslyn Chapel）。

　　電影「達文西密碼」中的最後一幕，蘭登教授（Robert Langdon）和蘇菲（Sophie Neveu）來到古老的羅斯琳教堂，並在此找到聖杯的祕密，解開千年謎底。任誰都沒有想到，祕密會隱藏在這麼一所不起眼的小教堂。羅斯琳教堂頓時成為舉世聞名的地點，來自四面八方的蘭登迷、神祕文字迷，紛紛到此朝聖。而喜愛《達文西密碼》的我們，怎麼可以不來看看這傳說中的羅斯琳教堂呢？於是，我們來了！

　　一段不算短的公車行程，車廂內滿載各國遊客。偷偷觀察，超過一半以上都是「達文西密碼」的追隨者。他們手上拿著的，或黑白剪報、或彩色旅遊書，甚至一小角介紹的扉頁，目標全指向羅斯琳教堂。

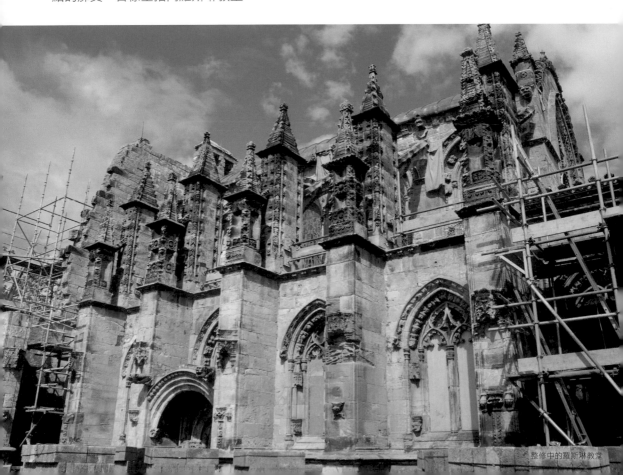

整修中的羅斯琳教堂

羅斯琳教堂下車的路口

原本，心中有絲忐忑，深怕錯過下車的站而不自知，看到這麼多解密的「同伴」後，頓時放下心中巨石。一路上，邊欣賞車窗外的鄉間風景邊拍照，突然，聽到司機高喊：「Rosslyn Chapel.」真是貼心的司機啊！一定是遇多了擔心坐過站而前去叨擾詢問的遊客，所以來個「先下手為強」囉。

羅斯琳教堂解密

這個郊區小鎮，因「達文西密碼」而有了改變，往來的觀光客更多了，古老的羅斯琳教堂也有一些變化，收起每人 7.5 英鎊的門票，成立販賣部，販賣明信片、書籍等紀念小物，外部搭起鷹架，積極維修。達文西密碼為此教堂帶來名氣，也帶來商機與捐獻，讓教堂有錢可以進行維修，不過，似乎也讓教堂變得商業化了。

羅斯琳教堂不大，站在教堂中央就可以輕易環顧四周。試圖在滿布浮雕的教堂裡，找出書中神祕的符號，發現儘管許多獨特的雕飾花紋具有特別義涵，但書中的異教徒密碼，如：大衛之星，卻是一個也不見。放著祕密文件的地窖，同樣空空如也。帶著滿滿期待的我，的確有些失望了。

為因應前仆後繼的各國遊客，教堂內有位解說員為大家講解釋疑，只可惜我的英文並沒有好到可以完全了解的程度。解說員將教堂的來由發展、教堂內特有的雕飾做了詳細介紹。周圍牆壁和屋頂的浮雕，在一旁都附上對照圖片和引申內涵，供遊客對照參考，算是很不錯的安排。

最難忘的是，解說員說：「絕大多數的人因《達文西密碼》一書而來到這裡，找

神龕

羅斯琳城堡遺跡

尋傳説中的聖杯，只是不曉得，是得到了滿足還是失望呢？」全場所有人，幾乎同時
發出了會心的哄堂大笑，笑完，忍不住又同聲嘆了一口氣……。

羅斯琳城堡

　　電影尾聲，蘭登與蘇菲告別的場景，在羅斯琳城堡（Rosslyn Castle）。

　　本以為城堡就在教堂旁邊，問了售票員才知道，原來城堡要往旁邊的小徑再走進
去，才能找到。隱身在茂密樹叢、石塊後的城堡本身仍有人居住，庭院還停有兩部車。
石橋盡頭，遺留下幾段殘缺聳立的城牆，小心翼翼攀上城牆頂端，一望無際的綠點綴
些許紅，遠方，小小的房舍散落在林間。

　　望著蒼涼的蘇格蘭高地，有種心曠神怡的舒坦。時光流逝，城堡衰圮，蘇格蘭高
地卻依舊存在、依然壯闊。站在城堡外的石橋上，高原的涼風，將所有紛飛的思緒吹
散，昇華成藍天裡的一片雲彩。

羅斯琳教堂
地址：Rosslyn Chapel, Chapel Loan, Roslin, Midlothian, EH25 9PU
電話：0131-440-1979
網址：http://www.rosslynchapel.org.uk/
交通：搭乘 Lothian bus 15 號公車

建築與 設計之城

格拉斯哥

克萊德河（River Clyde）是蘇格蘭境內的第三長河，全長 176 公里，在其入海口附近的造船業非常發達。也因克萊德河流經格拉斯哥（Glasgow），所以格拉斯哥自 17 世紀以來即有「貿易之城」的美譽。

格拉斯哥市中心是喬治廣場（George Square），廣場後面那棟維多利亞時期的建築物，也就是現在的市政廳。前往廣場途中，聽說附近公園正在舉辦一個蘇格蘭音樂比賽，既然這麼巧遇上了，當然要去瞧瞧囉！

滿懷期待地走過去，發現門票一張要價 9 英鎊，不禁猶豫起來，天人交戰了一下，想想似乎也還沒有到非看不可的地步。在台灣，大部分的比賽活動，幾乎都是免費參觀，歡迎大家踴躍捧場，讓場子熱鬧些。在國外，就不同

格拉斯哥市政廳

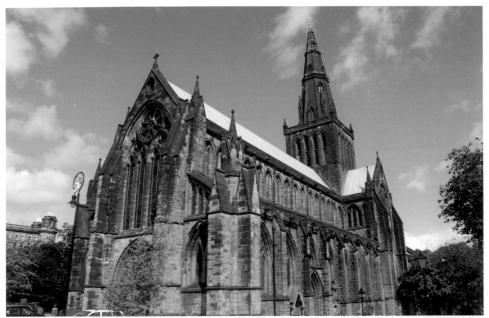

格拉斯哥大教堂

了。即使是親朋好友要前往替參賽者加油，也都要買票才得以觀賞呢！

　　事後聽朋友說，比賽的內容有點像我們的民俗表演，只是表演的是蘇格蘭當地的民俗音樂，當然，也就可以看到許多穿著傳統服裝的蘇格蘭人。

巧合的三角形

　　古樸穩重的格拉斯哥大教堂（Glasgow Cathedral），是 1136 年時奉大衛一世之命，為了奉獻給格拉斯哥的守護神 St. Mungo 而建。哥德式的建築，是目前蘇格蘭保存最好的中世紀教堂。

　　教堂附近是聖曼哥宗教博物館（St. Mungo Muesum of Religious Life & Art），和格拉斯哥最古老的房子 Provand's Lordship。大教堂、博物館和 Provand's Lordship 的建築分布恰巧成三角形，距離很近，可以一起逛逛。

　　聖曼哥宗教博物館裡有世界上不同地區的宗教收藏品，和相關民俗風情展示。從館內三樓看大教堂，視野很不錯。聽說這裡本來還有些名畫，不過已經移往他處了。

透過宗教博物館認識不同的宗教，滿有趣的。

　　格拉斯哥最古老的房子，起源於 1471 年，曾被當過醫院，也被當過禮拜堂使用。古老的建築裝潢及屋舍規劃，感覺頗氣派。桌椅、櫥櫃、床鋪等家具都是厚實的木頭，讓人遙想起中古時候的生活面貌。

楊柳茶坊

　　逛到以建築大師麥金塔（Mackintosh）聞名的「楊柳茶坊」（The Willow Tea Rooms），茶館的裝潢設計，鉅細靡遺全都由麥金塔一手包辦，玫瑰花是作品中識別度最高的代表圖騰，不少觀光客慕名前來朝聖，生意超好，需要現場候位。不是麥金塔粉絲的我們，就打消進去喝一杯的念頭囉。

聖曼哥宗教博物館

Provand's Lordship 內一景

格拉斯哥大學校門

楊柳茶坊

格拉斯哥大學

　　1451 年建立於小山丘上的格拉斯哥大學（Glasgow University），是蘇格蘭第二古老的大學，僅次於威廉王子畢業的聖安德魯大學（The University of St Andrews）。格拉斯哥大學和安德魯大學彼此之間的關係，好比牛津大學和劍橋大學，從創立之後，一直維持著密切友好卻又激烈競爭的狀態。

　　大學內最具有特色的建築，應屬主要的那棟大樓了，近看，更能感受其氣勢壯闊。大樓前方的草坪算是高處，從這欣賞格拉斯哥這座城市，很清楚地看到下方的街道，想像著，如果能登上大學的鐘樓，所看到的景致會更寬廣吧？只可惜鐘樓是不開放的，遺憾啊！

　　時間越來越晚，天色開始轉陰，風越來越大，氣溫也越來越低，此時，才真正感受到中高緯度的寒意。

格拉斯哥旅客服務中心
地址：11 Geroge Sq.
電話：0141-204-4400
交通：由 King Cross 車站搭乘火車，至 Glasgow Central Station 站下車

格拉斯哥大學的鐘樓

迷濛高地

小城風情～伊凡尼斯

火車緩緩進入伊凡尼斯（Inverness）的車站。

「Inverness」意思為「尼斯河河口」。常見的翻譯有：「伊凡尼斯」、「茵佛尼斯」，還有比較少見、但很俏皮的「音符尼斯」譯名，輕輕地念出這幾個字，感覺真有一連串輕靈的音符蕩漾於尼斯河面般。

遠遠便看見小丘上磚紅色的伊凡尼斯城堡（Inverness Castle），現為市政廳兼法院，曾幫助蘇格蘭查理王子（Bonnie Prince Charle）逃亡法國的女英雄芙蘿拉 ‧ 麥克唐娜（Flora MacDonald）雕像豎立在城堡前，嫵媚的尼斯河從一側流過。

沿著路徑走到河邊，發現很具特色的白色鐵吊橋：Greig Street Bridge 橫跨河面，它是座行人步橋，關於伊凡尼斯的風景明信片，很多都是以它美麗的身影為主軸。可惜，山雨欲來風滿樓的天氣下，拍不出蔚藍的天及河裡的倒影。

伊凡尼斯城堡

白色鐵吊橋：Greig Street Bridge

蘇格蘭風笛演奏

伊凡尼斯夜景

　　好喜歡伊凡尼斯的街景，停下腳步，雅致的尖塔、平靜的河流、古典的房子、回家的人們……我轉動眼珠，慎重地，看了一回又一回。夕陽下，置身這幅會動的風景畫裡，竟然有種不可言喻的歸屬感，可以幫它取個名字嗎？我想喚它「夢中的風景」，呵！

　　餐後，來到市中心廣場，欣賞當地的蘇格蘭風笛演奏，十來個穿著傳統蘇格蘭方格呢裙的阿伯樂手，鼓足了氣，吹奏出很有當地味道的曲子。風笛特有的滄桑音調，迴響在高地首府的暮色中，觸動旅人心弦。

　　不過，拿著小費箱的小女孩，怎麼走那麼快呀？想要投個小費都追不到呢。

伊凡尼斯旅客服務中心
地址：Castle Wynd, Inverness, Inverness-shire IV2 3BJ - Scotland, UK
電話：0146-323-4353
交通：由 King Cross 車站搭乘火車，至 Inverness 站下車

陳年祕辛～尼斯湖水怪

　　陰雨的天氣、昏暗的天空，這是最適合水怪出來活動的時機了。走，讓我們一起到尼斯湖（Loch Ness）抓水怪去！

　　地處偏遠的尼斯湖，是斷層形成的高地湖泊。長 40 公里，深 300 公尺，受地勢和地形影響，湖水不凍，終年籠罩一層迷霧薄紗，沸沸揚揚地傳聞著水怪尼西（Nessie）的傳說。有人拍胸脯說親眼目睹過，有人聲稱拍到牠現身的照片，真真假假，假假真真，Nessie 很有可能是一隻千萬年前就已滅絕的蛇頸龍。

　　乘船找尋水怪的行蹤。斜織的雨絲和冷冽的寒風，撲在臉上、身上，我不禁瞇起了眼，前方的風景有些模糊。神祕的尼斯湖，雲霧飄渺，水霧氤氳。如果你說：「看那，若隱若現的水面下，Nessie 正調皮地探出身子來呢！」親愛的，我一點都不懷疑。

　　在外觀典雅氣派的水怪展示中心裡，很難得地，聽到中文的導覽。水怪展示中心，收藏了許多關於尼斯湖水怪的各種傳說，從尼斯湖獨特的地形特色與氣候、圖文並茂

Nessie 很有可能是隻蛇頸龍

的文獻記載，説明尼斯湖水怪存在的歷史背景；而水怪存在與否的各項研究，特別是支持水怪不存在的科學調查結果，也一併羅列展出。然而，無論證據多麼充分，調查多麼完整，仍無法否定水怪存在的可能性。

決決大自然，仍有許多科學無法解釋的現象，對於未知的世界，半信半疑，心存敬意，或許是一種尊重萬物的心情，也或許是人類對曖昧不明的幻想與期待，正如尼斯湖水怪的存在一般。

其實，Nessie 到底存不存在似乎也不重要了！回家前，到展示中心的禮品部，帶隻 Q 版綠白相間、頭戴方格呢帽的 Nessie 娃娃回家當寵物吧。至於，那一抹詭譎的謎雲，就讓它成為迷濛蘇格蘭高地永遠的祕辛。

尼斯湖水怪展示中心
地址：Loch Ness, Inverness-shire, IV63 6TU
電話：0145-645-0573
網址：http://www.lochness.com/

水怪展示中心

神祕的尼斯湖

看盡興衰～厄克特城堡

厄克特城堡（Urquhart Castle），一個座落在尼斯湖旁的城堡遺跡，13世紀建造，卻在17世紀末被英格蘭軍隊給摧毀了。在一片斷垣殘壁中，只剩坍塌近半的塔屋（Tower House）滄桑地孤單聳立。

草地上，曾被當作武器的古老投石器，一旁還殘留幾顆圓滾滾的石頭砲彈。如今，好奇的人們圍在它身旁品頭論足，頗有英雄遲暮之傷感。

物是人非的心情，油然升起，在時間面前，任何人、事、物都是卑微的，這也許是我們唯一能夠感受到眾生平等的地方。

來吧，丟開兵器和劍，甩開盔甲；撐起雨傘和枴杖，披起雨衣。在這煙雨濛濛的蘇格蘭戰場再當一回英雄吧！掠奪的目標，不是權力也不是土地，是那一段風風光光的曾經。

🇬🇧 *Info*　**厄克特城堡**
地址：Loch Ness 旁，A82 Road 上
電話：0145-645-0551

只剩塔屋孤單聳立

尼斯湖上筆厄克特城堡

古老的投石器

遺世獨立

噓～不要告訴別人蒼穹島

　　李家同教授在「荒原之旅」一文中，提到：「當我告訴一位英國友人我要去蘇格蘭的蒼穹島（Isle of Skye）的時候，這位英國人用指頭封住自己的嘴，輕輕地説：『噓，千萬不要讓別人知道你要去蒼穹島，我們絕不能讓大批遊客湧入那裡，尤其不能讓庸俗的美國人知道這個島。』」

　　呵。感覺頗神祕的一個島啊。

　　前往蒼穹島，計畫先搭乘 ScotRail 列車到 Mallaig 港口，再搭船過去。拖著大行李在火車上找了很久的座位，最後才安心地坐了下來。這段車程，風景極為優美，幾乎穿越整個蘇格蘭大半土地，蘇格蘭高地的景致，一覽無遺。

　　途中行經霍格華茲特快車經過的那座拱橋，貼心的火車司機還

霍格華茲特快車經過的那座拱橋

停下來，讓大家有時間可以拍拍照，醞
釀一下坐著火車進入魔法世界的心情。

　　火車緩緩進站，抵達 Mallaig 這個
港口城市，在此，將搭乘輪船橫越海
洋，到達另一岸的蒼穹島。今天的風浪
不大，儘管已經下午，海風吹過來，帶
著些許寒意，但即將抵達蒼穹島的興奮
心情，仍舊遮掩不住，因為，蒼穹島，
正不斷接近中……。

我們搭的輪船

蒼穹島的晨昏

　　歷經一個多小時的航行，抵達夢想
中的島。直接前往今晚下榻的、一間很
有味道的 B&B，雖然外觀有些老舊，房
間也小小的。但，走出門外，就可以看
到好漂亮的海灣、被海灣圍繞的小島、
瑰麗的海洋，旁邊山崖上還有一座殘破
的古堡遺跡，前不著村、後不著店。

殘破的古堡遺跡

　　往城堡方向走，天色已慢慢暗下
來。沿途，漆黑的海面，海灣上的小島
越來越孤單，羊群擋在路上，用占領者
的姿態睥睨著我們。從草地到沙灘、再
到山徑，道路漸漸模糊；殘破的城牆越
來越接近，直至眼前。凝望著海洋、陸
地、天空披上黑紗的曼妙身影，凝望著
遠方的房舍飄散出溫暖燈光。夜裡的這
片景致，是一段難忘的回憶。

　　清晨，陽光悄悄攀上蒼穹的島嶼。

古堡眼中的小島

再次踏上崖上的城堡，沒有昨天夜裡的凜冽與黑暗，溫和的陽光灑在身上，在光彩魔術師的魔法下，海洋有一種截然不同的感受，時而是寶石般的湛藍，時而是曖昧不明的灰，變幻莫測。

視線穿越，來到海洋的另一端，蒼穹的海岸線，以其獨特的姿態，綿延在海邊；蒼穹的山崖，散發綠色光芒，與海洋的藍，相互輝映。戴著雲紗的天空，偶而露出藍天與初陽，以不同的面孔，陪伴旅人享受蒼穹的早晨。

昨夜，沒能好好觀賞的城堡，此刻正清晰地展現身影，儘管已傷痕累累，仍屹立不搖站在崖邊，述說著光陰的故事。往下看，海浪激昂的湧來、退去，有些怵目驚心，古堡對於這樣波濤洶湧的景象應已無畏無懼了吧？遠觀城堡，蒼涼又孤寂，一時間，竟也沉溺其中，不可自拔。

走上另一條路，順勢向下，古堡上看到的平原就在腳下，這裡似乎少有人跡，倒是還有些羊道。仰望古堡，背光的古堡變成黑色，遺世而獨立。也因更貼近海岸，空氣中飄散著海的味道。羊群無憂無慮地進餐，除非我靠近，否則，理都不理人。只是，看著在草皮上愉快進食的羊群，再看看藏匿草堆中的羊骨骸，我惘然了。生與死，在陽光底下，不斷循環。

緩緩爬上草坡，慢慢離開這奇幻的世界，當我從高處，望見古堡、海灣與暫時的家──民宿，象徵著，清晨的漫步即將告一段落了。

晚霞下的剪影

蒼穹島生活博物館

簡單的早餐後，來到附近的蒼穹島生活博物館（The Skye Museum of Island Life）。憨憨的石板屋造型，超像童話故事裡的房屋。房間裡，老舊櫥櫃上的鍋碗瓢盆、使用煤泥的傳統壁爐、紡織機上的羊毛手工……從這些陳設，一點一滴了解歷代蒼穹島民的生活作息。

蒼穹島生活博物館

車行路上，半山腰往下看，海灣漂亮的弧線，峽角孤立在海洋旁的港口，漁船、帆船在海面上悠游著。海岸線旁的草坡上，羊群怡然自得。遠方的燈塔，孤獨而堅定，為往來的船隻帶來光明。藏在森林之後的城堡遺跡，只能遠觀一小部分，沒有足夠的時間停下來花 10 英鎊進去，讓這城堡成為一個小小的遺憾。

高聳的山，是蒼穹的主要山脈，冰河遺留下來的圈谷地形，帶來無限遐想。感受著島上那看似荒蕪、實而豐富的景觀，身心在此獲得洗滌。

耳邊，似乎又響起了李家同教授殷切的囑咐：「如果你喜歡享受荒原之美，千萬不要告訴你庸俗的朋友，如果蒼穹島上有了希爾頓和麥當勞，一切都完了。」

蒼穹島
網址：http://www.skye.co.uk
交通：搭乘 ScotRail 列車到 Mallaig 港口，再轉渡輪到蒼穹島

蒼穹島生活博物館
地址：Kilmuir By Portree Isle of Skye IV51 9UF
電話：0147-055-2206
網址：http://www.skyemuseum.co.uk/

老舊櫥櫃上的鍋碗瓢盆

蒼穹的海岸線

居住的民宿就在旁邊

海灣一景

藍寶石海灣～波翠

　　旅遊書上描述，蒼穹島在天氣晴朗的時候，天空湛藍、波光粼粼，海天一色，宛如藍寶石般美麗。然而大部分時間看到的景色，並非如此。因為蒼穹島好天氣的時間，實在不多。

　　到波翠（Portree）後發現，很幸運地，海與天都是美麗的藍色，望向海面，彷彿閃閃發亮的寶石，炫麗奪目。

　　帶著英國的特產食物：炸魚排與薯條，找個地方坐下，靜靜地看著這片海。海面上的船隻，自在地漂流著。海岸邊，五彩繽紛的旅館與餐廳，鮮豔的油漆刷亮了旅人的眼睛，也是波翠最招牌的一景。

　　舒服的陽光下，享受難得的湛藍蒼穹，與一個悠閒的午後。

波翠旅客服務中心
地址：Bayfield House, Bayfield Road, Portree
電話：0147-861-2137

Portree 最招牌的一景

神祕的～史都老人巨石

　　本來，早上就要來走這一段路了，可是當地人司機說：「下午的天氣會比較好，到時再來！」車老大的預測其實也滿準的，因為當我們到達波翠時，天氣真的很好。不過，準備前往史都老人巨石（The Old Man Of Storr）時，卻開始下起大雨，撐著傘、頂著雨，我們仍出發前往史都老人巨石。

驚險的旅程

　　這一段健行路線，其實並不難走，如果沒有下雨的話。雖然雨帶來一些不便，卻也帶來美麗的雲海。一直走到史都老人的腳下，看到巨石遠遠聳立，驀然雄心萬丈，一行人不畏風雨，大步往前邁去。走著走著，越覺得路難行，甚至需要手腳並用。因為下雨，路更滑了，大家紛紛打退堂鼓。最後只有我和另外兩位同伴，順利走到巨石之下。

　　攀爬的過程，膽戰心驚，除了路徑很陡、石頭很滑、更有落石不斷，有一小段路甚至找不到路跡，只能依直覺嘗試可行的路，很久沒有這樣害怕的感覺了。最後平安到達巨石之下，真是萬幸！

迷霧中的史都老人巨石

陡峭海岸宣流而下的瀑布

有「蘇格蘭裙」之稱的玄武岩海岸

大雨滂沱直下，加上擔心回去時間來不及，只有在巨石的後面拍拍照，現在想想，那時怎麼沒有爬到前面去看看呢？大概，真的被嚇到了吧！下去的路依舊不好走，不過比上來時好多了。而且還發現，其實，剛剛走錯路了！所以才會走得那麼艱難，但能夠平安下來，就謝天謝地囉。

老天爺跟我們開個玩笑，下山途中，雨停了，太陽悄悄從雲層後露臉，只能說：「一切都是最好的安排。」

戀戀蒼穹島

看過有「蘇格蘭裙」之稱的玄武岩海岸（Kilt Rock）後，回到旅館享受美味晚餐。太陽依然高掛天空相伴。餐後，拿著相機，踱步到海邊，等待。此刻天氣超好，藍紫色的天空畫布，塗上幾抹橘紅。我拿著相機猛拍，於夕陽緩緩落入海面之際，努力將這美景留在眼底。

當清晨的陽光再度爬上蒼穹島的天空，也宣告著我們即將離開這裡。

在蒼穹的日子，回憶如潮水般湧入：第一眼接觸蒼穹、日落爬上城堡、清晨登上遺跡、島上散步漫遊、波翠的陽光海岸……今晨，與蒼穹島辭別後，再見面，已不知何年何月了。

離開蒼穹島，不再需要搭船，蒼穹橋（Skye Bridge）跨越海峽，指引我們回家的路。然而，站在橋的這一端，心，卻遺留在另一岸。

紀念品採買指南

優雅又充滿文學性的英國，古蹟上濃濃的貴族風味，人文上各種族人民薈萃，在紀念品的選擇上，同樣充滿多元性。選件具有皇家特色的產品吧，又或者，即使只是件旅途上偶然發現的別致小物，一樣讓人感到愉悅呢！

BURBERRY

英國名牌的代表，深獲皇室喜愛，得到皇家御用徽章。由駝色、黑色、紅色、白色所組成的格紋圖樣更是經典，幾乎已經成為 BURBERRY 的代名詞，英系的 BURBERRY 標籤是黑色，俗稱「黑標」，款式較成熟穩重，

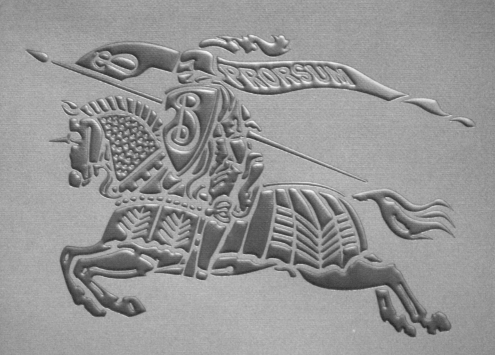

有別於授權給日本，在日本國內限定販售的「藍標」（走年輕路線，也較便宜）。

　　BURBERRY 最蔚為風行的產品是時尚與實用兼具的長風衣，其他如包包、皮夾等，也是深受歡迎。希斯洛機場裡的免稅店售價最便宜，比在英國國內買、退完稅後的價格更划算，若能承擔偶有貨色不齊的狀況，是最佳購買的地點。

Clarks

　　以舒適的皮鞋聞名，簡單的剪裁、上等的皮革，是雙走低調路線的鞋。英國的售價比台灣便宜非常多，遇到折扣更是便宜。若不在意是否為最新款式，可到 outlet 購買。

茶葉（Whittard、Fortnum & Mason、TWININGS）

　　皇家御用食品百貨：Fortnum & Mason，它的紅茶自開店以來，一直都是皇室的最愛，因而馳名全球。有空不妨到 Fortnum & Mason 裡的餐廳，品嘗、體驗傳統的英式下午茶，現場還有鋼琴演奏喔！沒有時間停留的話，可到食品館的紅茶部門中，選購包裝漂亮的紅茶，當作送給自己的禮物。

　　Whittard 在英國擁有多家連鎖門市，來自世界各地的優秀茶種，構成了最佳品質的紅茶和花果茶等產品。除了袋裝、紙盒裝的茶葉外，還有讓遊客愛不釋手的特色鐵罐包裝產品，例如公車、郵筒、地鐵、禁衛軍等圖案巧妙地融入包裝中，是項辨識度很高的伴手禮。

　　TWININGS，同樣受到皇室青睞，歷史悠久的茶葉品牌。不管是鐵罐裝的茶葉，或是方便攜帶的茶包，在超市中皆可購買得到，價格也更平易近人，自用或送人，都經濟實惠。

Walkers 奶油餅乾

外表充滿蘇格蘭風情的紅色格紋包裝。餅乾單純用麵粉、奶油、糖和鹽製成，獲得多次獎項的殊榮，有圓圓的懷舊造型、長條的造型和因應節慶的可愛造型，不譁眾取巧的紮實濃郁口感，除了原味，還有添加胡桃、巧克力豆等口味，簡單享受傳達百年的風味。另外，Walkers 的洋芋片在英國是很普遍的洋芋片品牌，偏重的調味，很適合台灣人的口味。

巧克力

巧克力是非常大眾化的零嘴，也是出國玩時大多數人最常選擇的通用禮物。英國各景點都有販賣當地特色包裝的巧克力，常見的是片狀。如在溫莎堡，巧克力包裝紙上印有歷屆國王的畫像、Q 版的女王與禁衛軍圖像，非常可愛。

方格毛料製品

方格呢（tartan）是蘇格蘭歷史的一部分、貴族徽章的代表，各個家族都有其代表性圖紋。已故的黛妃也有其鍾愛的藍粉格紋，英國皇室更有其登記專利、不能商品化的方格圖案。所以，來到英國，除了 BURBERRY 外，眾多方格呢圍巾、方格呢百褶裙、方格呢帽等產品，光是欣賞也非常多采多姿。

經典玩具模型

即將離開英國之際，對於英國特有的紅色雙層巴士、黑色奧斯汀計程車、紅色皇家郵筒等等街景，一定會特別懷念，所以，搬個小小模型回家吧。紀念品店裡，大大小小的模型，甚至化身為磁鐵、鑰匙圈、存錢筒，讓你無時無刻都能回憶

起在英國的日子。雖然這類紀念品幾乎全來自世界工廠 China 所製造，但仔細挑選作工精細者，仍非常具有紀念價值。玩偶也是，知名的彼得兔、帕丁頓熊等發展出許多周邊產品，不乏「Made in England」的。

音樂劇 CD

來到位居全球音樂劇演出領導地位的倫敦，經典的幾部歌劇一定要親自體驗看看，一流的演員卡司，絕對值回票價，劇組若來台巡迴演出，絕對不只這樣的售價囉。原汁原味的表演，保證物超所值。若是被感動了，中場休息時間，別忘了買片 CD 回家欣賞品味。

畫

市集、藝廊裡，風景畫或攝影圖片種類繁多。買幅自己心中最美的風景，裱框後掛在家裡牆上，或擺在桌上當裝飾，都很有氣質呢！原版畫或版權所有的插畫，價格比較高，也較具獨特性。

明信片

每次出國，在旅館暖暖的檯燈下寫明信片給自己，是我對於旅程的一種記憶方式；而一份飄洋過海的問候，也是給朋友的一份禮輕情意重的禮物。從英國寄明信片回台灣非常簡單，只要說明寄到 Taiwan，服務人員便會告訴你所需郵資（2010 年的價格為67 便士）。貼上郵票，投進隨地可見的紅色郵筒，約一個禮拜左右就可以收到囉！

住宿指南

英國（尤其首都倫敦）物價之高，眾所皆知。同樣的價格，在東南亞已經可以住間豪華 villa 了，在英國當然是不可能的啦，所以，在規劃一趟夢想中的英國行之前，先來研究一下每天行程裡不可或缺的「住宿」。

青年旅館

一般說來，最經濟實惠的選擇是青年旅館（hostel）。青年旅館的地段通常都很不錯，位在市區中心，生活機能很方便，附有廚房，提供想要下廚的朋友料理三餐，還有交誼廳，可以看看電視、聊聊天。有些青年旅館還是教堂或城堡改建而成，可以附帶體驗特殊建築的氛圍，一向是背包客的最愛。不過，青年旅館感覺上會比較接近宿舍，一個房間裡至少會有 4～6 個床位，12 個床位很常見，有些還是上

飯店房間

下鋪。男生和女生不同房，極少數的機率下，男女生是混合住宿的。可以認識世界各地的朋友，彼此交換旅遊心得是它最大的特色。

大學宿舍

經濟實惠的另一個選擇：大學宿舍。7、8月的旅遊旺季，若沒有提早訂位，青年旅館常會客滿。例如：充滿慶典的8月份的愛丁堡，這時就可考慮大學宿舍囉。學校在學生放暑假回家的時候，將空出來的宿舍租給一般遊客，詳情請見各大學官方網站。既然是名符其實的「宿舍」，交誼廳、曬衣場、餐廳等設施都有，不僅省下了荷包，還可順道回味學生時代的生活。聽幾個曾住過大學宿舍的朋友轉述，都頗懷念呢！

B&B

家庭式旅館（Bed & Breakfast 或 Guest House）在英國隨處可見，數量也很多。就字面上的含意，提供了「住宿」和「早餐」。房型有單人房、雙人房、家庭房等多種選擇，大部分皆是附有衛浴的套房設備，不過有些房間較小的 B&B 是雅房，衛浴設備同層房客共用，介意的話要先問清楚再下訂，當然，這類的 B&B 價錢也較便宜。通常B&B 也就是主人自己的家，類似台灣的民宿，如有任何行程上或生活上的問題請教他們，他們也都會熱心提供意見。

內含黑布丁的 B&B 早餐

飯店、旅館

最簡便的選擇就是飯店、旅館（hotel）囉。市中心和地鐵站附近交通便利的地方，或星星數越多，價格也隨之越高。不過，若能善用網路訂房，就能拿到較優惠的價格，有些會視住宿天數提供折扣，淡季時的促銷活動也能撿到不少便宜。沒有時間研究，出發前可先透過旅行社代訂，旅行社平常都有合作的飯店。委託信賴的旅行社處理，可以減少自己搜尋、摸索的時間。

國家圖書館出版品預行編目資料

穿越9又3/4月台，漫遊英國／蕭立馨 文、劉漢政
攝影.--初版. -- 臺北市：華成圖書, 2012.04
　面 ；　公分. --（自主行系列；B6123）

　ISBN 978-986-192-135-8（平裝）

　1. 旅遊　2. 英國

741.89　　　　　　　　　　　101000420

自主行系列　B6123

穿越9又3/4月台，漫遊英國

作　　者／蕭立馨、劉漢政

出版發行／華杏出版機構

華成圖書出版股份有限公司
www.farreaching.com.tw
台北市10059新生南路一段50-2號7樓
戶　　名　華成圖書出版股份有限公司
郵政劃撥　19590886
e-mail　huacheng@farseeing.com.tw
電　　話　02　23921167
傳　　真　02　23225455
華杏網址　www.farseeing.com.tw
e-mail　fars@ms6.hinet.net
華成創辦人　　郭麗群
發 行 人　　蕭聿雯
總 經 理　　熊 芸
法 律 顧 問　　蕭雄淋‧陳淑貞

企劃副主編　　俞天鈞
執 行 編 輯　　李素卿
美 術 設 計　　李燕青
印 務 主 任　　蔡佩欣

定　　價／以封底定價為準
出 版 印 刷／2012年4月初版1刷

總 經 銷／知己圖書股份有限公司
　　　　　台中市工業區30路1號　　電話　04-23595819　　傳真　04-23597123

☺ 讀 者 回 函 卡

謝謝您購買此書，為了加強對讀者的服務，請詳細填寫本回函卡，寄回給我們（免貼郵票）或 E-mail至huacheng@farseeing.com.tw給予建議，您即可不定期收到本公司的出版訊息！

您所購買的書名/＿＿＿＿＿＿＿＿＿＿＿＿＿　購買書店名/＿＿＿＿＿＿＿＿＿＿＿

您的姓名/＿＿＿＿＿＿＿＿＿＿＿＿＿＿＿　聯絡電話/＿＿＿＿＿＿＿＿＿＿＿

您的性別/口男 口女　　您的生日/西元＿＿＿＿＿年＿＿月＿＿日

您的通訊地址/口口口口口＿＿＿＿＿＿＿＿＿＿＿＿＿＿＿＿＿＿＿＿＿＿

您的電子郵件信箱/＿＿＿＿＿＿＿＿＿＿＿＿＿＿＿＿＿＿＿＿＿＿＿＿＿

您的職業/口學生　口軍公教　口金融　口服務　口資訊　口製造　口自由　口傳播
　　　　　口農漁牧　口家管　口退休　口其他

您的學歷/口國中（含以下）　口高中（職）　口大學（大專）　口研究所（含以上）

您從何處得知本書訊息/（可複選）

口書店　口網路　口報紙　口雜誌　口電視　口廣播　口他人推薦 口其他

您經常的購書習慣/（可複選）

口書店購買　口網路購書　口傳真訂購　口郵政劃撥　口其他＿＿＿＿＿＿＿＿＿＿

您覺得本書價格/口合理　口偏高　口便宜

您對本書的評價（請填代號/ 1.非常滿意 2.滿意 3.尚可 4.不滿意 5.非常不滿意）

封面設計＿＿＿　版面編排＿＿＿　書名＿＿＿　內容＿＿＿　文筆＿＿＿

您對於讀完本書後感到/口收穫很大　口有點小收穫　口沒有收穫

您會推薦本書給別人嗎/口會　口不會　口不一定

您希望閱讀到什麼類型的書籍/＿＿＿＿＿＿＿＿＿＿＿＿＿＿＿＿＿＿＿＿＿＿

您對本書及我們的建議/

廣 告 回 信
台 北 郵 局 登 記 證
台北廣字第000526號

免 貼 郵 票

華杏出版機構

華成圖書出版股份有限公司　收

台北市10059新生南路一段50-1號4F　TEL/02-23921167

（沿線剪下）

（對折黏貼後，即可直接郵寄）

🙂 本公司為求提升品質特別設計這份「讀者回函卡」，懇請惠予意見，幫助我們更上一層樓。感謝您的支持與愛護！

http://farreaching.com.tw　　請將 B6123 「讀者回函卡」寄回或傳真 (02) 2394-9913